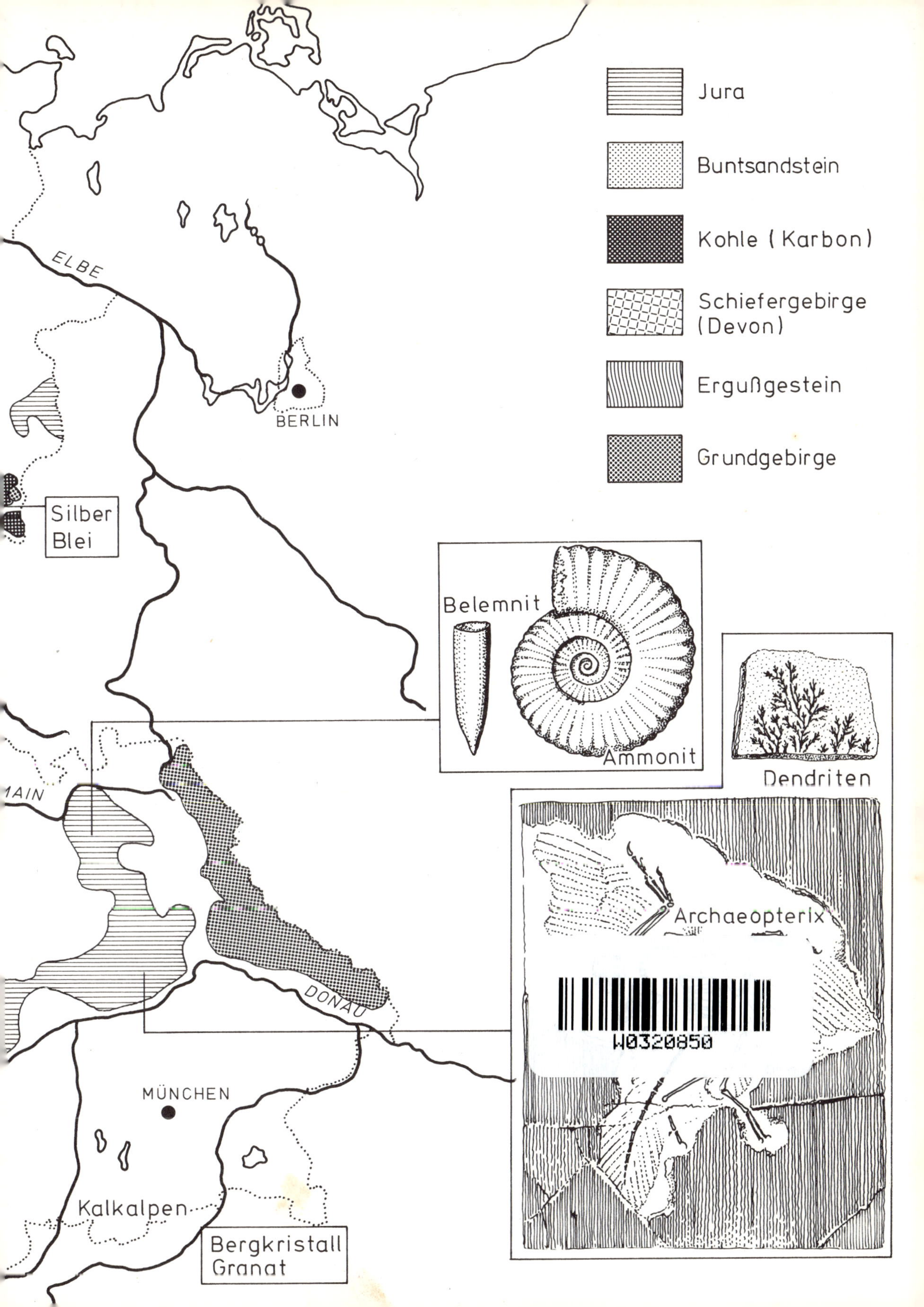
Jura
Buntsandstein
Kohle (Karbon)
Schiefergebirge (Devon)
Ergußgestein
Grundgebirge
ELBE
BERLIN
Silber
Blei
Belemnit
Ammonit
Dendriten
Archaeopterix
MAIN
DONAU
MÜNCHEN
Kalkalpen
Bergkristall
Granat

Heinrich Klein

Steine erzählen

Ferienreisen in die Erdgeschichte

C. Bertelsmann Verlag

Bildmotive des Überzugs:

Großes Bild: Eine Sandgrube im Buntsandstein in der Nähe von Pirmasens/Pfalz.

Mitte links: Ein 250 Millionen Jahre altes Farnblatt aus dem Schieferton von Sobernheim an der Nahe.

Unten links: Ein Ammonit aus einem Kalksteinbruch in der Nähe von Bamberg, 130 Millionen Jahre alt.

Rechts: Auf der Suche nach Goldschnecken in einer Tongrube in der Nähe von Bayreuth.

Bildquellen:
Zeichnungen: Harro und Veronika Maass, Düsseldorf, nach Vorlagen von Margit Klein.
Fotos: S. 36 »Helgoland« Messerschmidt/Mauritius.
S. 35 »Malachitkristall« Hans-Dieter Steinbach.
Alle übrigen Fotos wurden vom Autor aus Privatbesitz zur Verfügung gestellt.
Überzug: Franz Wöllzenmüller.
Layout nach einem Entwurf von Franz Wöllzenmüller.
© 1978 C. Bertelsmann Verlag GmbH, München / 5 4 3 2
Alle Rechte vorbehalten
Gesamtherstellung Mohndruck Reinhard Mohn OHG, Gütersloh
ISBN 3-570-02291-9
Printed in Germany

Inhalt

Einleitung

Dieses Buch ist für Kinder, ihre Eltern und überhaupt für alle geschrieben, die sich für Steine interessieren und mehr über sie wissen möchten.

In den Ferien sammeln Kinder Muscheln und Steine, freuen sich an den schönen Farben, den schwarzen und roten Körnern, der Bänderung. Aber weil sie nichts von den Steinen wissen, schläft das anfängliche Interesse bald wieder ein. Ein mitgebrachter Granit oder ein Feuerstein wird noch ein paarmal angeschaut und – vergessen.

Je mehr man über eine Sache weiß, um so interessanter wird sie. Aus einem Urlaub brachte ich einmal eine Kiste voller Steine mit und schenkte sie den Kindern einer Schulklasse. Sie schauten sich die Steine an und begannen zu fragen: Woher sind sie? Wie alt sind sie? Wie ist die Muschel da hineingekommen? . . . Zwei Stunden lang sprachen wir über Steine. Am Ende fragte ein Junge: »Wann kommen Sie denn wieder?«

Dieses Buch möchte den Kindern geologisches Grundwissen vermitteln und ihnen zu mehr Spaß am Steinesammeln verhelfen. Den Erzählungen liegen Ferienreisen zugrunde, die ich wirklich mit Kindern gemacht habe. Ihre Fragen sind zum Teil wörtlich wiedergegeben. Dabei wird von der Entstehung, dem Alter der Steine erzählt, von den Kräften, denen sie ausgesetzt waren und sind, von der Nutzung durch den Menschen, vom Leben in den Erdzeitaltern.

Weil Kinder mit ihren Fragen häufig zu ihren Eltern kommen, ist das Buch zugleich für die Eltern geschrieben. Es könnte sein, daß beim Suchen von Steinen Eltern und Kinder gemeinsame Interessen entdecken und daß sie bei der Lektüre des Buches gemeinsam ihr Wissen erweitern, wobei die Eltern als die Verständigeren die Kinder leiten und die Kinder durch ihr unbefangenes Fragen den Eltern manche Aufgabe stellen.

Das Buch will zum Anlegen einer Steinsammlung anregen. Dazu gibt es gleich im ersten Kapitel einige Hinweise. Die abgebildeten Steine sind deshalb keine besonderen »Schaustücke«; mit einer Ausnahme sind sie auf »Steinwanderungen« oder Spaziergängen gefunden worden. Allerdings erfordert das Suchen Geduld. Wenn man nicht zu rasch aufgibt, wird man oft durch einen schönen Fund belohnt.

Wer Steine sucht und aufmerksam betrachtet, wird auch die Mannigfaltigkeit des Felsuntergrundes gewahr, der ja oft bis in die Farben hinein eine Landschaft prägt. Die warmen, roten Farbtöne des Pfälzerwaldes sind vom Sandstein bestimmt wie die graubraunen des Hunsrücks vom Schiefer. Das Buch will also über das Steinesammeln zum Entdecken der Umwelt anleiten. Steine sammeln heißt dann auch lernen, daß die Steine im wahrsten Sinne des Wortes die *Grund*lage unseres Lebens sind. Wir bauen Häuser und Straßen aus Stein. *Stein*metze formen ihn zu Kunstwerken. Unsere Teller und Schüsseln sind aus *Stein*gut. Mit dem Kohle*stein* heizen wir die Häuser und machen uns Licht. Die Erz*steine* liefern uns Metalle. Und der Boden, aus dem wir unsere Nahrung ziehen, ist aus Stein geworden.

Entdecken der Umwelt heißt auch, die Dinge nicht mehr als selbstverständlich hinnehmen. Die Steine erzählen ihre Geschichte und die Geschichte der Erde. Darin wird sichtbar, daß selbst der feste Grund der Erde einem ständigen Wandel unterliegt. In den Steinen ist Leben eingeschlossen; sie geben uns Kenntnis vom Leben in früheren Erdzeitaltern. So ist das Buch eine Einführung in das Wissen von den Steinen und in das Wissen von der Erdgeschichte.

Das Buch ist so aufgebaut, daß auch der, der gar nichts weiß, verhältnismäßig rasch zu einem Erfolg gelangen kann. Deshalb führt die erste Reise nach Süddeutschland in den Fränkischen Jura. Hier sind die erdgeschichtlichen Verhältnisse ziemlich einfach. Das Gebirge wird vorwiegend von den Kalkablagerungen des Jurameeres gebildet, Versteinerungen sind leicht an vielen Orten zu finden.

Auf den weiteren Reisen wird die Bundesrepublik von Süden nach Norden durchquert. Im Schwarzwald und Odenwald lernen wir die alten Gesteine Gneis und Granit kennen. Im Buntsandstein des Pfälzerwaldes stoßen wir auf die mannigfaltigen Formen der Verwitterung. Die Wüsten- und Vulkanzeit am Ausgang des Erdaltertums hat uns vor allem die Edelsteine und Straßenbausteine hinterlassen, die wir im Saar-Nahe-Bergland finden.

Im Zuge des Rheinischen Schiefergebirges bis hin zum Harz stoßen wir auf Fossilien des Devonmeeres, auf alte Erzgruben wie auf die jüngsten Vulkane Deutschlands. Am Rande der norddeutschen Tiefebene finden wir Überreste der Steinkohlenwälder und in der Lüneburger Heide Spuren der Eiszeit.

Bei dem Versuch, uns den Kampf zwischen Land und Meer vorzustellen, erfahren wir, wie die Flüsse den Verwitterungsschutt der Gebirge ins Meer tragen und dort die Grundlage für neue Gebirge schaffen.

Das letzte Reisekapitel führt in die Alpen. Hier sind die Verhältnisse am kompliziertesten. Wir erfahren ein wenig von der Arbeit der Forscher, die uns durch das Vergleichen der Gesteine ein Bild von der Entstehung der Alpen machen konnten.

Den Schluß bilden ein Kalender und eine Tabelle der Erdzeitalter, die die chronologische Abfolge der erdgeschichtlichen Vorgänge im Überblick zeigen.

Im »Kleinen Lexikon« am Ende eines jeden großen Kapitels ist das Wichtigste noch einmal in Stichworten zusammengefaßt. Darin findet der Leser auch teilweise weitergehende Informationen, die im laufenden Text weggelassen wurden, um das Verständnis nicht zu erschweren. Beim ersten Lesen des Buches kann man die Lexikonteile einfach überschlagen. Sie erweisen sich jedoch als sehr praktisch, wenn man sich über bestimmte Dinge und Vorgänge schnell informieren will. Die Stichworte sind nicht alphabetisch, sondern sinngemäß geordnet.

Schließlich sei noch daraufhingewiesen, daß Rätselfreunde auf den Seite 64 und 90 eine besondere Überraschung finden.

Im großen Meer von Süddeutschland

Die Überschrift klingt verrückt. Das große Meer von Süddeutschland? Wo soll das denn sein? Der Main und der Neckar fließen da und die Donau – aber ein Meer?
Warte nur ab! Unsere Fahrt beginnt ja erst. Aber du hast schon recht. Susanne und ihre Eltern fahren nicht mit dem Schiff über ein Meer, sondern mit dem Auto auf der Autobahn Würzburg–Nürnberg.
Im Kofferraum sind zwei Tragetaschen mit Hammer, Spitzmeißel und Flachmeißel, ein kleiner Spaten und eine Holzkiste mit viel Zeitungspapier verstaut. Susanne hat einen Notizblock bei sich.

Wir suchen Goldschnecken

Bei Bamberg verlassen sie die Autobahn und fahren in Richtung Bayreuth weiter. Nahe dem Dorf Mistelgau liegt in einer Mulde eine Ziegelei. An den Hängen sind deutlich Schichten von dunklem Kalk und Ton zu erkennen. Hier beginnen sie ihre Suche nach Goldschnecken. Es dauert nicht lange, da hält Susanne ein glitzerndes Scheibchen von einem Zentimeter Durchmesser in der Hand. Nach einer halben Stunde haben sie über zehn beisammen. Susannes Vater steht am Hang, lokkert mit Hammer und Flachmeißel die Schichten und hebt dann ganze Pakete ab. Susanne paßt auf, wie er die Brocken sorgfältig spaltet. Größere und kleinere Goldschnekken kommen zum Vorschein.
»Sind die Schnecken aus richtigem Gold?« fragt Susanne.
»Es ist schon über 150 Millionen Jahre her«, beginnt ihr Vater zu erzählen, »da war hier an der Stelle, wo wir jetzt sitzen, ein Meer; große Teile von Süddeutschland und Südeuropa waren von dem Meer bedeckt.«
»Woher weiß man das denn?«
»Eben von den Goldschnecken und auch von anderen Tieren. Es sind nämlich Meerestiere. Nur waren sie damals noch nicht golden. Sie hatten Schalen aus Kalk, und ihr Gehäuse sieht dem der Schnecken ähnlich. In Wirklichkeit sind sie den Tintenfischen verwandt und heißen *Ammoniten*. Der ägyptische Gott Ammon wurde oft mit einem Widderkopf mit gebogenen Hörnern dargestellt, nach ihm benannte man die versteinerten Tiere Ammonshörner oder Ammoniten.«
»Wie sind die Ammoniten denn so golden geworden?« fragt Susanne.
»Wenn die Tiere tot waren, sind sie auf den Meeresboden gesunken. Kalk- und Tonschlamm hat sich darüber abgelagert und sie eingebettet. Ihre Weichteile, also Fleisch, Haut, Därme, sind verwest. Schlamm ist in das Gehäuse eingedrungen und hat es ausgefüllt. In Hunderttausenden und Millionen von Jahren haben sich viele Ammoniten und andere Tiere abgelagert. Die Schichten sind

Goldschnecke im Gestein (Fundort: Mistelgau)

sehr dick geworden, und im Lauf der Zeit entstand ein über tausend Meter hohes Gebirge. Dabei sind Schlamm und Ammoniten allmählich zu Stein geworden; sie sind *versteinert.*
Jetzt erst setzte der Prozeß des Vergoldens ein. In den Rissen und Spalten in der Tiefe der Erde ist immer Wasser vorhanden. Das Wasser löst winzige Teilchen des umgebenden Gesteins auf. Hier, in dieser Gegend, lagern tief im Boden schwefelhaltige Eisenerze. Das Wasser hat etwas von dem Schwefeleisen aufgelöst. Die Lösung ist durch die Poren im Gestein nach oben gestiegen und hat sich an den Kalkschalen der Ammoniten abgesetzt. Nun haben sich die Kalkschalen aufgelöst und sind durch die Schwefeleisen-Lösung ersetzt worden. Dabei ist die Form der Schale vollständig erhalten geblieben.
Das Schwefeleisen wird *Pyrit* genannt. Seinen Namen bekam es von den Griechen wegen seiner feuergelben Farbe; er bedeutet ›Feuerstein‹, hat aber mit unseren Feuersteinen nichts zu tun. Unsere Ammoniten sind also nicht vergoldet, sondern *pyritisiert.*«
Du kannst selbst eine Lösung herstellen. Füll ein Einmachglas zur Hälfte mit Wasser, gib zwei bis drei Eßlöffel Salz hinein und rühre gut um, bis das Salz sich aufgelöst hat. Lege ein Holzstückchen und einen Wollfaden in die Lösung. Nun stellst du das Glas an einen ruhigen warmen Platz, ans Fenster oder auf die Heizung. Laß es aber jetzt in Ruhe! Nach ein bis zwei Wochen werden sich Salzkristalle gebildet haben. Je mehr von deiner Salzlösung verdunstet, um so mehr Kristalle entstehen. Dein Holzstückchen und der Wollfaden werden *versalzen.*

Ammoniten und Donnerkeile

Am nächsten Morgen ist das Ziel der Familie ein großer Kalksteinbruch in der Nähe von Ebermannstadt. Schon am Rande des Bruches entdeckt Susanne Stücke von Ammoniten; auf einigen sind die Windungen und Rippen des Gehäuses sehr gut zu erkennen. Auf einmal hält Susanne einen Stein mit einem Pfeil in der Hand.
»Du wirst es kaum glauben«, sagt ihr Vater, »dieser Pfeil stammt auch von einem Tier.«
»Von einem Tier? Ich dachte, den haben sich die Steinzeitmenschen für die Jagd geschnitzt.«
»Als die Griechen vor langer Zeit die ersten derartigen Funde machten, nahmen sie auch an, es seien Pfeile. Sie nannten sie ›Geschosse‹, in ihrer Sprache *Belemniten.* Und so heißen

Donnerkeil (Belemnit) im Kalk. Die Platte ist angeschliffen.

Ammonit mit seinem Abdruck im Kalkstein (Fundort: Ebermannstadt)

sie heute noch. Die alten Germanen glaubten, der Donnergott habe sie bei Gewitter auf die Erde geschleudert; sie nannten die Belemniten *Donnerkeile.*«

Viele Bruchstücke von Ammoniten und Belemniten finden sie an diesem Tag, Susannes Mutter gelingt es sogar, einen ganzen Ammoniten aus dem Stein herauszulösen; so haben sie einen Ammoniten mitsamt seinem Abdruck im Stein.

Woher weiß man, daß die Donnerkeile Tiere waren?

Am Abend leihen sie sich in der Gastwirtschaft einen Wassereimer, setzen sich in den Garten, waschen ihre Funde und beginnen, sie zu sortieren. Dabei erleben sie auch die ersten Enttäuschungen. Mancher Stein, den sie in der Eile aufgesammelt haben, enthält nur ein winziges Stück einer Ammonitenschale oder eines Donnerkeils. Es lohnt nicht, ihn mit nach Hause zu nehmen. Von den Steinen aus der Ziegelei zerbröckeln einige im Wasser. Mit ihnen zerfallen auch die Ammoniten, die gar nicht oder zu schwach pyritisiert sind.

»Tausend Steine mußt du aufheben, wenn du *einen* schönen Fund machen willst.« Jeder Steinesammler macht diese Erfahrung und weiß, daß man viel Geduld aufbringen muß. Daß Ausdauer sich jedoch lohnt, zeigt sich an diesem Abend. Susannes Vater spaltet einen kleinen Brocken, und mitten im dunklen Ton ist ein Donnerkeil eingebettet.

»Woher weiß man denn, daß die Donnerkeile Tiere waren?« fragt Susanne.

»Das herauszukriegen, war wirklich nicht einfach. Von den Tieren bleiben gewöhnlich nur die harten Teile erhalten, also Knochen oder Schalen, und die oft nur in Resten. Forschern gelang es, die gefundenen Einzelteile, etwa die Knochen von Fischen oder Dinosauriern, wieder zusammenzusetzen und fehlende Teile zu ergänzen. Dann haben sie sich vorgestellt, wie ein Tier mit einem solchen Knochengerüst ausgesehen haben müßte. Manchmal konnten sie dabei noch heute lebende Verwandte von ausgestorbenen Tieren zum Vergleich heranziehen.«

»Ist denn der Donnerkeil ein Knochen?«

»Hin und wieder kam den Forschern auch der Zufall zu Hilfe. Sie haben Abdrücke von der Haut, von Federn oder Muskeln gefunden. In einigen Fällen fanden sie auch versteinerte Weichteile. Anhand all dieser Funde wußten sie schließlich, wie das Tier lebend ausgesehen hat. Bei diesem Donnerkeil siehst du deutlich, daß vorn noch etwas drangewesen sein muß. Der Pfeil ist nur das Ende des Tieres, sein harter Stachel. Davor liegt das eigentliche Gehäuse und der Rückenschild; vorn ist der Kopf mit den Fangarmen. Die Tiere sehen den heutigen Tintenfischen ähnlich und sind auch mit ihnen verwandt.«

Die Belemniten waren gute Schwimmer. Wie Raketen schossen sie durchs Wasser, allerdings rückwärts. Ihr weicher Körper war von

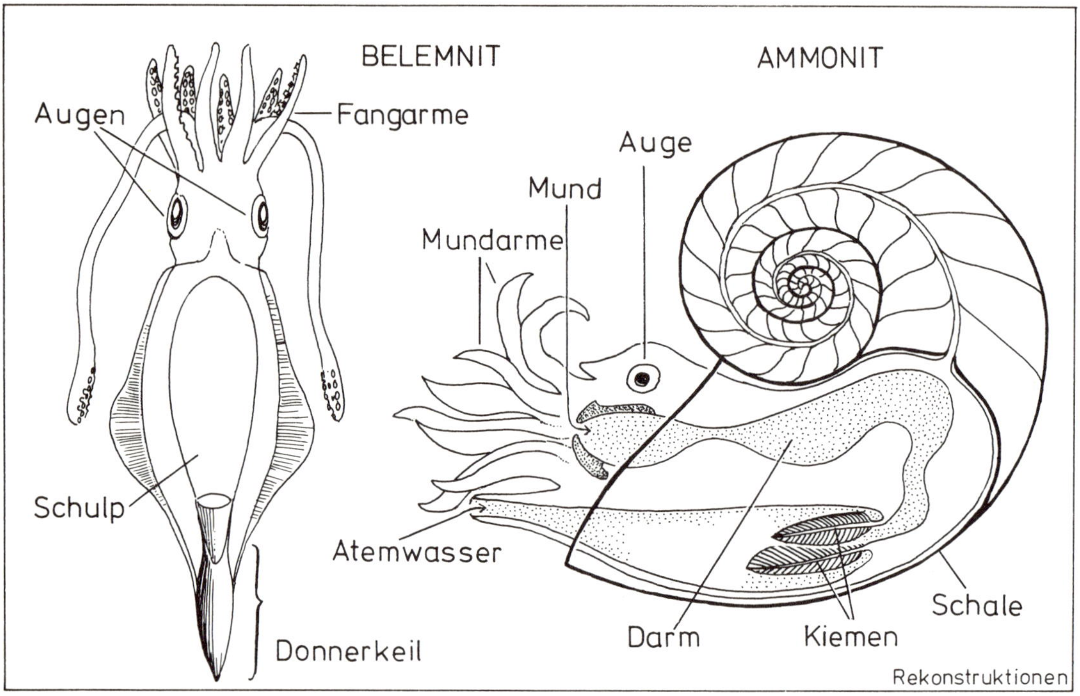

einer festen Haut, dem Mantel, umgeben. Vorn am Kopf ragte ein Trichter aus dem Wasser; durch den konnten sie Wasser hindurchpressen, und dann sausten sie rückwärts davon.

Ebenso wie die Belemniten waren die Ammoniten mit den Tintenfischen verwandt. Alle drei Gruppen haben ihre Fangarme am Kopf. Die Biologen haben sie zu einer Tierklasse zusammengefaßt und *Kopffüßer* genannt, vielleicht, weil sie die Fangarme wie Füße benutzen und damit kopfunter auf dem Meeresboden gehen können.

Im Meer der Jurazeit

Heute hat die Familie eine größere Fahrt vor. Sie will durch die Fränkische Alb über Nürnberg weiter nach Süden zur Altmühl, einem Nebenfluß der Donau. Rüdiger, der Junge einer bekannten Familie, fährt noch mit. Schon im Wiesenttal fallen ihnen die vielen hellen Felsen an den Hängen auf.

»Ihr werdet lachen«, sagt Susannes Vater, »auch die Felsen waren einmal Meerestiere. Das Meer war hier ziemlich flach. Auf seinem Boden siedelten sich Schwammtiere und Korallen an. Ihr Körper ist sehr weich, wird aber gestützt von einem Skelett aus feinen Kalk- und Kieselteilchen. Die Tiere sterben ab, das Skelett bleibt übrig. Neue Schwämme und Korallen siedeln sich auf den alten an. Wenn das Hunderttausende und Millionen Jahre dauert, können hohe Berge entstehen.«

»Achtung! Wir fahren jetzt in einem U-Boot auf dem Meeresgrund!« ruft Rüdiger.

»Und das Meer ist wunderschön warm«, sagt Susannes Vater. »Zieht eure Taucheranzüge an und schwimmt draußen herum. Ihr seid in einem richtigen Korallenmeer wie in der Südsee oder im Roten Meer. Da, ein Schwarm von frei schwimmenden Seelilien mit ganz feinen Armen! Hier ein furchterregender Pfeilschwanzkrebs! Schaut mal den Belemniten, über einen halben Meter ist er lang! Vorsicht! Da kommt ein Hai! Er jagt einem Schwarm von Fischen nach.«

»Keine Angst«, beruhigt Susanne die Gesellschaft, »wir haben ja unsere Harpunen dabei.«

Am Nachmittag besuchen sie das Museum Bergér bei Eichstätt an der Altmühl. An den Wänden und in den Schränken finden sie all die Tiere wieder, von denen Susannes Vater heute morgen erzählt hat. Die Tiere lebten vor über 120 Millionen Jahren, in einer Zeit, die die Erforscher der Erdgeschichte, die *Geologen*, nach dem Gebirge in Süddeutschland die *Jurazeit* nennen. Sie begann vor 180 Millionen Jahren und dauerte 60 Millionen Jahre.

Vor einer Platte bleibt Susanne länger stehen. Der Stein enthält den Abdruck eines *Urvogels*, des *Archaeopterix*. Statt des Schnabels hat er einen Kiefer mit Reptilienzähnen. An beiden Flügeln sitzen je drei Finger mit Krallen. Sein Schwanz ist noch der einer Echse. Daß es sich hierbei wirklich um einen Vogel handelt, beweisen die Federn. Keine Echse, auch kein Flugsaurier, die ebenfalls zu dieser Zeit lebten, hatte Federn. Vom Urvogel sind nur ganz wenige Exemplare gefunden worden, und bei diesem hier sind die Abdrücke der Federn wunderbar erhalten. Als die Forscher ihn in der Hand hielten, konnten sie mit eigenen Augen sehen, daß die Vögel sich aus den Echsen entwickelt haben. Mit Recht nannten sie ihn den Archae-opterix, den Ur-vogel.

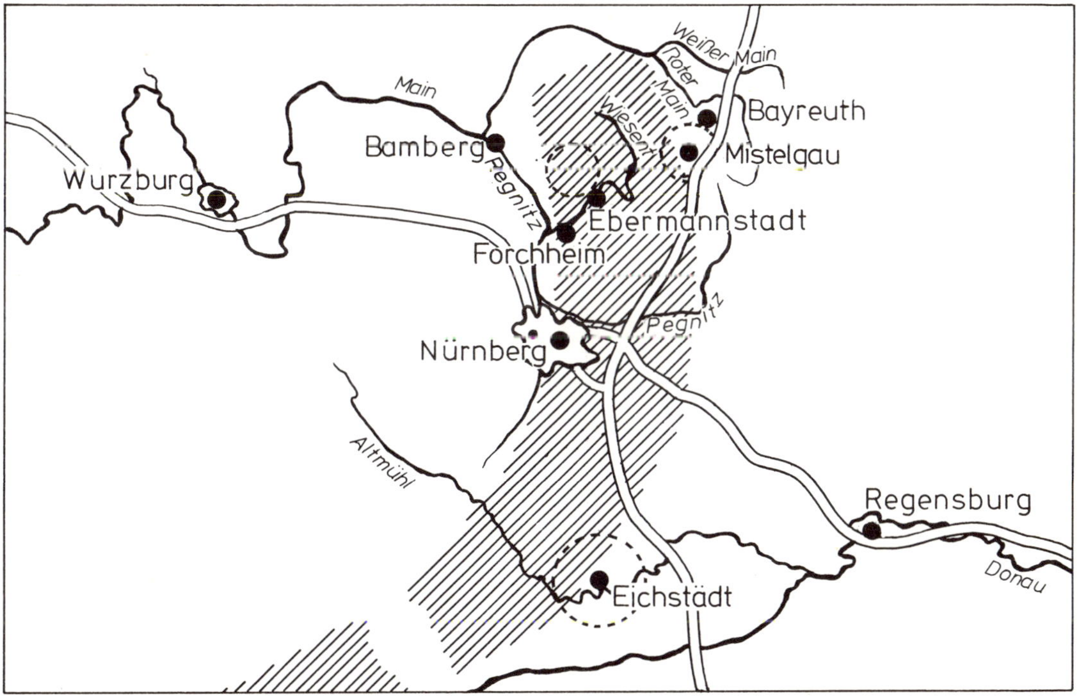

Karte zur Reise in die Fränkische Alb

TIERE AUS DER JURAZEIT
Flugsaurier
Archaeopterix
Ichthyosaurus
Plesiosaurus
Koralle
Ammonit
Belemnit

Die Natur malt Bilder

»Ich möchte so gern einen Archaeopterix finden«, sagt Susanne, und sie machen sich auf den Weg zum nahegelegenen Steinbruch. Susanne und Rüdiger laufen voraus; jeder will den Urvogel zuerst entdecken. Als die Eltern am Eingang des Steinbruchs angelangt sind, kommen ihnen die beiden schon entgegen. »Wir haben versteinertes Moos gefunden!« rufen sie. Der Urvogel ist vergessen.

Wie ein großer Scherbenhaufen kommt ihnen der Steinbruch vor, und auf fast allen Scherben sind Pflanzenreste zu sehen. Was mögen das für Pflanzen gewesen sein, die ihre Abdrücke auf den Steinen zurückgelassen haben? Die feinsten Stielchen und Blättchen sind zu erkennen.

Von einer etwas dickeren Platte hebt Susannes Vater einzelne Lagen ab. Nur ganz allmählich verändern sich die Abdrücke von Schicht zu Schicht in Gestalt und Farbe. Es müßten also die gleichen Pflanzengestalten gewesen sein, die in Zeiträumen von Tausenden von Jahren an der gleichen Stelle in den Kalkschlamm eingebettet wurden. Das kann doch wohl nicht mit rechten Dingen zugehen!

Von Pflanzen können diese schönen Zeichnungen nicht stammen. Wie hat die Natur diese Bilder fertiggebracht? Wieder sind es, wie bei den Goldschnecken, Lösungen gewesen, in diesem Fall aus Eisen und Mangan. Die Schlammschichten, die im Meer immer dicker wurden und sich unter gewaltigem Druck zu Kalkstein verwandelten, hatten bei der Bildung des Gebirges feine Risse und Spalten erhalten. Durch diese stiegen die Lösungen aus der Tiefe auf und drangen in die feinen Schichten ein. Dort bildeten sie winzige Kristalle und wuchsen zu diesen Zeichnungen. Man nennt sie *Dendriten.* Das ist auch ein griechisches Wort und bedeutet »Bäumchen«. So zeigt das Wort noch an, daß man die Dendriten früher für Pflanzenabdrücke hielt.

Beim Betrachten der Platten werden die Kinder noch auf andere Gebilde aufmerksam; auf einer entdecken sie hell glänzende Kristalle mit herabhängenden Fäden. Es handelt sich um *Seelilien*, die im flachen Meer frei herumschwammen. Sie hatten einen Durchmesser von drei bis fünf Zentimetern. (Vgl. Abb. S. 33 oben rechts.)

Nun geht ein neues Suchen los. Neben zahlreichen Platten mit Seelilien finden die Kinder noch einen Ammoniten und auch eine Klappe, mit der ein Ammonit sein Gehäuse verschließen konnte. Aber einen Urvogel finden sie nicht.

Auf der Rückfahrt fällt ihnen auf, daß in der Gegend ein Steinbruch am anderen liegt. Bereits die Römer haben hier in der Nähe Steine gebrochen und daraus die Wachttürme und Tore eines großen Lagers an der Donau errichtet. Sie nannten es »Castra Regina«, Regensburg. Reste des Haupttores und eines Turmes aus römischer Zeit sind heute noch zu

Dendriten auf einer Kalkplatte (Fundort: Eichstätt)

sehen. Vor fast tausend Jahren wurde in Regensburg die große steinerne Donaubrücke aus diesem Kalkstein gebaut und wieder einige hundert Jahre später die Dome von Passau und Eichstätt. Straßen wurden mit Kalkstein gepflastert. Heute legt man die Böden, Wände, Treppenaufgänge vieler Häuser mit dem *Solnhofener Plattenkalk* aus.
Susanne hat mit ihren Eltern auf ihrer Ferienreise die Fränkische Alb besucht. Aber nicht nur dort gibt es Ammoniten. Die Autobahn von Stuttgart nach München führt quer durch die Schwäbische Alb. Von Nordosten nach Südwesten führt durch die Alb eine Straße, die als Touristenstraße mit der Silberdistel bezeichnet wurde. Sie berührt Städte und Dörfer, in deren Nähe du eine Fülle von Versteinerungen sammeln kannst.

Triceratops gegen Tyrannosaurus Rex

Der Abschluß der Ferienreise wird zu einem besonderen Erlebnis. Die Familie fährt über Frankfurt zurück und besucht dort das *Senckenberg-Museum.* Im großen Lichthof wandeln sie zwischen Riesensauriern umher oder, besser gesagt, unter ihnen hindurch. In der Mitte steht der über 20 Meter lange *Diplodocus*, die *Doppelbalkenechse.*
»Wenn der jetzt lebendig würde, dann könnten wir aber rennen«, sagt Rüdiger lachend. Susanne, die schon Bücher über Saurier gelesen hat, beruhigt ihn. »Der hat nur Pflanzen gefressen. Guck, er hat einen ganz kleinen Kopf und nur kleine Zähne. Angst müßten wir vor dem *Allosaurus* oder dem *Tyrannosaurus Rex* haben. Die hatten fürchterliche Zähne und Klauen.«
Die mächtigsten Knochen sind in einer Ecke des Saales so aufgebaut, daß man die Umrisse eines Beines erkennen kann. Dieses Vorderbein eines *Brachiosaurus* ist allein dreimal so groß wie ein ausgewachsener Mensch. Jeder einzelne Knochen ist so dick und so lang wie ein Mensch. Sie lesen, daß dieser Riese zwölf Meter hoch und 50 000 Kilogramm schwer war.
»Wie schwer bist denn du, Rüdiger?« – »Ich glaube, 30 Kilo.« – »Tausend Rüdigers wären dann erst 30 000 Kilogramm. Man könnte alle Kinder eurer Schule auf eine Wagschale stellen, und sie würden dem Brachiosaurus nicht das Gleichgewicht halten.«
»Wovon haben die eigentlich gelebt?« möchte Rüdiger wissen.
»Das ist den Forschern fast ein Rätsel. Schau mal den Kopf an, für den schweren Körper ist er eigentlich zu klein. Die Riesensaurier waren fast alle Pflanzenfresser. Sie müssen ständig gefressen haben, damit ihr Körper genug Nahrung bekam. Pflanzen gab es allerdings reichlich. Die Saurier lebten zur gleichen Zeit wie die Ammoniten, in der Jurazeit und der darauffolgenden Kreidezeit. Es herrschte ein warmes, feuchtes Klima und es gab genug warme Seen, in denen sich die Echsen tummeln konnten.
Obwohl der Brachiosaurus das größte Landtier aller Zeiten war, konnte er sich gegen den Tyrannosaurus nicht verteidigen. Der war zwar nur halb so groß wie der Brachiosaurus, hatte aber einen Schädel von über einem Meter Länge. Die Zähne in den mächtigen Kiefern waren scharf wie Dolche, manche über 15 Zentimeter lang. Der Brachiosaurus konnte seinen Angriffen nur entgehen, indem er sich ins Wasser flüchtete. Da konnte er gemächlich über zehn Meter tief hineingehen, und sein Kopf hat immer noch herausgeschaut wie ein U-Boot mit Sehrohr und Schnorchel. Ja, noch

Tyrannosaurus Rex. Er überragt ein zweistöckiges Haus.

nicht einmal mit dem Fressen brauchte er aufzuhören, denn auch Wasserpflanzen wuchsen in Massen.«

Auf einem Gerüst ist der mächtige Schädel eines *Triceratops*, eines *Dreihornschädels* befestigt. (Vgl. Abb. S. 33 unten.)

Er zählt zu den kleinen Riesen, denn er war *nur* sechs bis zehn Meter lang und ernährte sich von Pflanzen. Aber wenn der Tyrannosaurus Rex, das mächtigste Landraubtier, ihn angriff, wußte er sich zu wehren. Wenn der Tyrannosaurus mit weit aufgerissenem Maul von oben über den kleineren Triceratops herfiel, stieß dieser seine scharfen Hörner in den Bauch seines Feindes.

Heute kennen fast alle Kinder Dinosaurier; und doch gab es vor hundert Jahren noch nicht einmal das Wort. Man wußte noch nichts von den Sauriern der Urzeit, bis dann ein englischer Forscher in einem Steinbruch Zähne und einige sehr große Knochen fand, die zu einem riesigen, noch unbekannten Tier gehören mußten. Nach den Zähnen, die denen des Leguan ähnlich sahen, nannte er das Tier *Iguanodon*, das heißt *Zahnleguan* oder *Eidechszähner*. Der Iguanodon war also das erste der neu entdeckten Tiere. Als dann noch mehr Knochen dieser ausgestorbenen Tiergruppe gefunden wurden, nannten die Wissenschaftler sie *Dinosaurier*, *furchtbare Echsen*.

Die Saurier lebten sowohl auf dem Land, als auch im Wasser. Einige konnten sogar fliegen, nachdem sich zwischen ihren Armen und dem Schwanz Flügel aus Haut gebildet hatten. Über 100 Millionen Jahre lang beherrschten sie die Erde. Man kann ihre Zeit mit Recht als die Zeit der Saurier bezeichnen. Die Erforscher der Erdgeschichte nennen diesen Abschnitt das *Erdmittelalter* und sagen dazu *Mesozoikum*. Dies begann vor 220 Millionen Jahren und dauerte bis vor 70 Millionen Jahren.

Was gibt es zu Hause noch zu tun?

Am späten Nachmittag kommen Susanne und ihre Eltern nach Hause. Susanne denkt nicht daran, ihren Koffer auszupacken, aber die Schachtel mit den Goldschnecken trägt sie so behutsam, als sei es ein Karton mit rohen Eiern. Ebenso vorsichtig hütet Susannes Mutter die dünnen Platten mit den Dendriten.
Gleich nach dem Abendessen holt Susanne die Goldschnecken wieder hervor. Zuerst werden sie gewaschen, dann auf dem Tisch ausgebreitet und noch einmal betrachtet. Etliche sind unscheinbar grau. An anderen hängen noch Reste von Schieferton. Mit Nagelfeilen und Nadeln begeben sich Susanne und ihre Eltern an die Säuberung. Mit einem weichen Messingbürstchen reinigen sie die Ammoniten. Und siehe da, ganz rasch erhalten diese einen schönen Glanz. Nun sind es richtige Goldschnecken.
Die Ammoniten, die in dem härteren Kalk eingebettet sind, lassen sich nicht so leicht bearbeiten. Susannes Vater legt sie auf eine weiche Unterlage und löst mit einem kleinen Spitzmeißel Stückchen für Stückchen den Kalkstein ab. Aber Vorsicht! Leicht brechen Rippenteile heraus, oder ein ganzes Stück bricht mitten entzwei.
Auch die Dendritenplatten werden bearbeitet. Mit dem Bleistift zeichnet sich Susannes Mutter die Teile vor, die sie herausschneiden will. Mit einem Fliesenmesser ritzt sie entlang der Linie die Platte ein und knipst die Ränder dann mit der Fliesenzange ab.
Solche Dendritenbilder kannst du gut als Geschenk verwenden. Nimm ein Plättchen, schneide es dir zurecht, lege es in einen gefetteten Glas- oder Metallteller und gieße ihn mit Gießharz aus. Nach mehreren Stunden kannst du die eingegossene Platte aus dem Teller ablösen.
Das Farbfoto auf Seite 33 zeigt dir einige Goldschnecken, die Susanne und ihre Eltern auf ihrer Ferienreise im süddeutschen Meer der Jurazeit gefunden haben.
Ihre Funde versieht Susanne mit einer Karte, die sie sich aus Plakatkarton zurechtgeschnitten hat. Hier ein Beispiel:

Ammonit
pyritisiert (Goldschnecke)
Fundort: Mistelgau
Fränkische Alb
Zeit: Jura 150 Mill. Jahre
gefunden: im August 1977

Es macht auch Spaß, sich ein eigenes *Steineheft* anzulegen. Wenn du von einer Ferienreise zurückkehrst, notiere die Orte, an denen du Steine gefunden hast, und die Namen und das Alter der Steine! Wenn du nicht Bescheid weißt, frage deine Lehrer oder Bekannte! Klebe Fotos von der Landschaft oder von Bauwerken ein, schreibe die Steine, aus denen sie gebaut sind, dazu! So erhältst du im Lauf der Zeit ein richtiges, von dir selbst geschriebenes Steinebuch.

Kleines Lexikon

Fränkische Alb oder *Fränkischer Jura*: ist ein Teil eines Gebirgszuges, zu dem noch die Schwäbische Alb und der Schweizer und Französische Jura gehören. Er erstreckt sich vom Obermain zur Donau, dann nach Südwesten bis in die Schweiz und nach Frankreich hinein. Das Gebirge ist entstanden aus den Ablagerungen des Jurameeres und besteht vor allem aus Kalk, der in Steinbrüchen als Baustein und zur Zementherstellung abgebaut wird. Im Gebirge haben sich viele Höhlen gebildet, die schon von Menschen der Steinzeit bewohnt wurden.

Jurazeit: Sie ist benannt nach dem Juragebirge und liegt 180 bis 120 Millionen Jahre zurück. Sie ist der mittlere Teil des Mittelalters der Erdgeschichte, mit dem Fremdwort Mesozoikum genannt. Im Jura waren große Teile Europas vom Meer überflutet.

Gesteinsschichten, Sedimente: Im Meer setzten sich Kalk, Tonschlamm und die Reste der abgestorbenen Lebewesen ab. Im Lauf der Zeit bildeten sich mächtige Schichten, die durch den Druck zu Stein wurden. Diese Gesteine heißen Schichtgesteine, Absatzgesteine oder Sedimente (lateinisch »sich absetzen«). Zu den Absatzgesteinen gehören Kalk, Ton, Sandstein. Auch der Schiefer war ein Absatzgestein, nämlich Ton; dieser hat sich aber durch den starken Druck bei der Gebirgsbildung umgewandelt in Schiefer und wird nun zu den Umwandlungsgesteinen gerechnet.

Fossilien: Das Wort kommt aus dem Lateinischen und hängt mit »ausgraben« zusammen. Gewöhnlich verstehen wir darunter versteinerte Reste von Pflanzen oder Tieren. Sie werden meistens im ehemaligen Meeresboden gefunden. Donnerkeile und Goldschnecken sind ebenso Fossilien wie der Urvogel Archaeopterix oder die Dinosaurier.

Ammoniten und Belemniten: sind Fossilien, die man im Juragebirge in besonders gut erhaltenem Zustand finden kann. Sie sind heute ausgestorben und gehörten zur Tiergruppe der Kopffüßer. Neben ihnen lebten im Meer der Jurazeit verschiedene Krebse und Fische, darunter Haie, Pfeilschwanzkrebse, Seelilien, Seeigel, Austern, Fischsaurier. Schwämme und Korallen bauten an den Riffen, die heute als Felsen an den Hängen zu sehen sind.

Dinosaurier: Diese Gruppe der Reptilien brachte die größten landlebenden Tiere aller Zeiten hervor. Einige wurden über 20 Meter lang. Sie legten Eier wie die Krokodile und Eidechsen und gehörten zur Klasse der Kriechtiere oder Reptilien. Einige paßten sich an das Leben im Meer an und wurden zu Fischsauriern wie der Ichthyosaurus. Andere bildeten Flughäute aus und wurden zu Flugsauriern. Aus den Reptilien haben sich die Vögel entwickelt. Am Ende des Erdmittelalters starben die Saurier aus.

Dendriten: In der Gegend von Eichstätt und Solnhofen findest du häufig auf dem hellen Plattenkalk Abdrücke, die wie versteinertes Moos aussehen. Bei diesen Abdrücken handelt es sich nicht um Fossilien; sie stammen von Eisen- und Manganlösungen, die sich zwischen den Schichten abgesetzt haben.

Senckenberg-Museum in Frankfurt: Es ist eins der größten Natur-Museen, in dem du eine Wanderung durch die ganze Erdgeschichte machen kannst. Du findest hier Tiere, Pflanzen und Steine aus allen Erdzeitaltern. Kleinere Museen gibt es jedoch über die ganze Bundesrepublik verstreut. Fast überall, wo du auf deinen Reisen hinkommst, haben sich die Leute bemüht, Spuren oder Zeugnisse der für ihre Gegend wichtigen Abschnitte aus der Erdgeschichte in Museen auszustellen.

Uralte Steine: Schwarzwald und Odenwald

Ein Spaziergang durch 100 Millionen Jahre

In einem kleinen Dorf im Nordschwarzwald nahe der Schwarzenbachtalsperre haben wir uns eingemietet; wir wollen einige Tage wandern. Susanne hat sich schon daran gewöhnt, bei den Spaziergängen ab und zu einen Stein aufzuheben und zu betrachten. Bald bringt sie auch einen.

»Guck mal, das muß Granit sein.« – »Und woher weißt du das?« fragt ihr Vater. »Du hast mir schon öfter Granit gezeigt, immer sind verschiedene Körner drin.« – »Weißt du auch noch, welche?« – »Feldspat, Quarz und Glimmer, die drei vergeß ich nimmer«, sagt Susanne stolz.

Granit kannst du daran erkennen, daß im Stein verschiedene Arten von Körnern regellos durcheinander liegen. Daher hat er auch seinen Namen: »granum« heißt Korn. Die verschiedenen Bestandteile nennt der Gesteinskundler *Mineralien.* Granit besteht in der Hauptsache aus den Mineralien *Feldspat, Quarz* und *Glimmer.* Manchmal kommen auch noch andere hinzu, doch ist ihr Anteil meistens gering.

An der nächsten Wegbiegung kommt ein kleiner Bach den Berg heruntergesprudelt. Susanne und Martin, ihr größerer Bruder, sind schon dort und bauen eine Staumauer. Da hält Martin einen Stein in der Hand und gibt ihn Susanne. Die wundert sich: »Das ist ja ein Sandstein, wo kommt der denn her?« Martin weiß es auch nicht. Bald entdecken sie noch mehr Sandsteine. »Das ist aber komisch«, meint Susanne.

Nun klettern sie dem Bachlauf entlang den Berg hinauf. Immer mehr Sandsteine finden sie zwischen dem Granit, je höher sie kommen; schließlich hört der Granit ganz auf.

»Wir müßten doch hier oben auch Granitsteine finden«, sagt Susanne. Da hat Martin schon weitergedacht; er lacht. »Die Steine rollen doch den Berg hinunter. Die Sandsteine sind hinuntergerollt auf den Granit drauf. Der

Dieser Granit aus der Nähe von Forbach im Schwarzwald enthält große weiße Feldspatkristalle in der Mitte, schwarze Glimmerplättchen und graue Quarzkörnchen.

Sandstein ist oben und der Granit unten. Deshalb können wir hier oben keinen Granit finden, weil er vom Sandstein zugedeckt ist.«
Susanne fragt weiter: »Und wie kommt es, daß hier zwei Steinarten übereinander liegen?«
Ihr Vater erklärt: »Es sind nicht nur zwei Steinarten, es sind sogar zwei Gebirge, die übereinander liegen. An der Stelle, wo wir nur Sandsteine fanden, ist die Grenze zwischen den zwei Gebirgen. Wir haben einen Schritt über 100 Millionen Jahre hinweg getan.«
Der Schwarzwald ist ein uraltes Gebirge, er gehört zu den ältesten Deutschlands. Dabei ist das Gestein auf dem Gipfel der Hornisgrinde, wie der Berg heißt, gar nicht so alt. Der *Sandstein* ist etwa 200 Millionen Jahre alt. Er bedeckt den darunterliegenden Granit. Die Geologen nennen so etwas ein *Deckgebirge*. Unter ihm liegt das *Grundgebirge*. Es besteht im Nordschwarzwald aus Granit und ist 100 Millionen Jahre älter.
Der *Granit* ist aus der Tiefe der Erde als glutflüssige Masse emporgedrungen und noch unter der Oberfläche langsam erkaltet. Dabei hatte er Zeit, schöne, große Kristalle zu bilden, und ist deshalb als Baustein sehr begehrt. Denkmäler wurden aus Granit aus dem Nordschwarzwald errichtet, zum Beispiel das Bismarckdenkmal in Hamburg.
Bei seiner Entstehung war das Grundgebirge wesentlich höher als heute. Von der Verwitterung wurde es in Millionen Jahren abgetragen. Dann kam eine Zeit, in der in Deutschland ein Wüstenklima herrschte. Sand bedeckte das Grundgebirge und verfestigte sich schließlich zu Stein. (Wie es in der Wüste ausgesehen hat, liest du im Kapitel »Eine 250 Millionen Jahre alte Oase«.) Der gesamte Vorgang – Eindringen des Granits in das Gebirge, Emporhebung und zugleich Abtragung des Gebirges, Bedeckung mit dem Sandsteingebirge und erneute Abtragung – hat ungefähr 100 Millionen Jahre gedauert. Im Nordschwarzwald kannst du sie in Minuten durchwandern.
Weiter im Süden, zwischen Offenburg und dem Feldberg, besteht das Grundgebirge aus *Gneis*. Dieser Gneis stammt noch aus der Urzeit der Erde und ist sicher über 600 Millionen Jahre alt. Wenn du einen Schwarzwaldgneis aufhebst, hast du einen der ältesten Steine Deutschlands in der Hand.
Sieh dir bitte einmal beide Fotos an und vergleiche den Gneis mit dem Granit! Deutlich treten beim Gneis dunkle und helle Streifen hervor. Mit dem bloßen Auge kannst du bereits einzelne Körner erkennen, besser nimmst du jedoch die Lupe zu Hilfe. Und dann stellst du fest: Wie beim Granit sind

Gneis aus dem Schwarzwald, einer der ältesten Steine in Deutschland

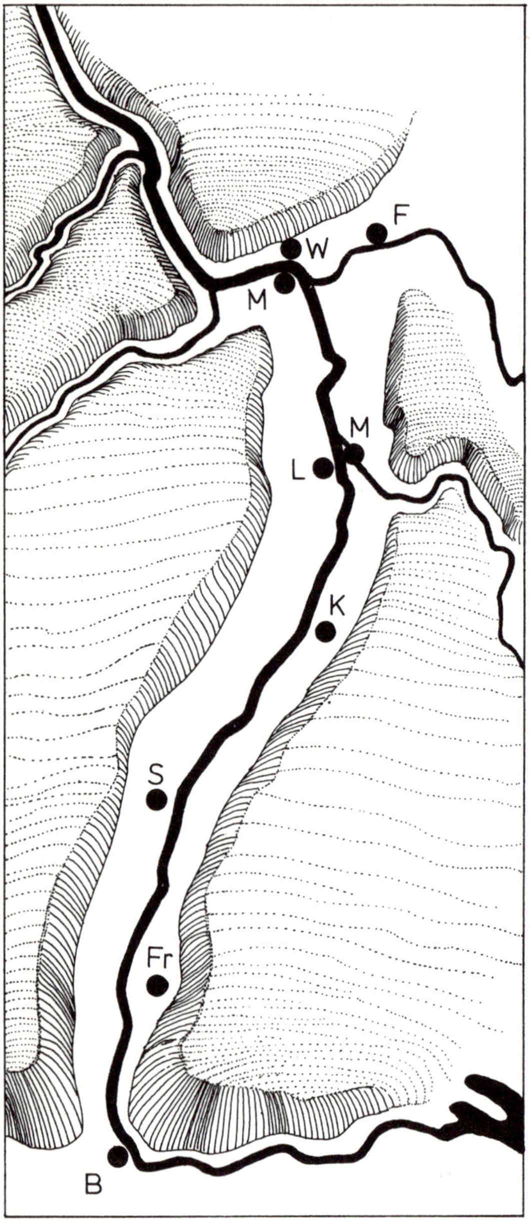

Zwischen Basel und Mainz fließt der Oberrhein in einem breiten Graben.

Feldspat-, Quarzkörnchen und schwarze Glimmerplättchen zu unterscheiden. War der Gneis einmal ein Granit? In diesem Fall ist es wahrscheinlich. Die uralten Gesteine haben sich mehrmals verwandelt; deshalb heißen sie auch *Umwandlungsgesteine.*

Da ist zum Beispiel schon in der Urzeit der Erde feuerflüssiges Gestein zu Granit erstarrt. Dann ist es wieder in größere Tiefen zurückgesunken. Unter dem ungeheuren Druck und der Hitze hat es sich verändert. Die Glimmerplättchen haben sich in eine Richtung gelegt und die schwarzen Streifen gebildet. Die Quarz- und Feldspatkörnchen liegen als helle Streifen dazwischen.

Die Zeit, aus der der Gneis stammt, bezeichnen die Geologen als *Präkambrium*, das heißt Vor-Kambrium. Das Kambrium ist der erste Abschnitt des Altertums der Erde; es begann vor 600 Millionen Jahren und dauerte 100 Millionen Jahre. Es ist benannt nach dem lateinischen Namen für die Landschaft Wales: Cambria. Dort wurden die Gesteine dieses Zeitabschnitts zum erstenmal untersucht.

Ein Eisenbahntunnel gibt ein Geheimnis frei

Schau dir einmal auf der Karte links den Rhein an! Von Basel bis Mainz, etwa 300 Kilometer lang, fließt er in einem 30 Kilometer breiten Tal. Weiter nördlich, von Bingen bis Bonn, gibt er sich mit einem sehr engen Tal zufrieden, obwohl er hier viel mehr Wasser führt. Wozu braucht der Oberrhein ein so breites Tal? Wie ist es entstanden?

Nun betrachte die Gebirge zu beiden Seiten des Rheins! Schwarzwald und Vogesen sind gleich hoch, ebenso Odenwald und Haardt. Zum Rhein hin fallen die Hänge steil ab, auf den entgegengesetzten Seiten nur ganz allmählich. Wie ist das zu erklären?

Vereinfachte Darstellung der Enstehung des Rheingrabens

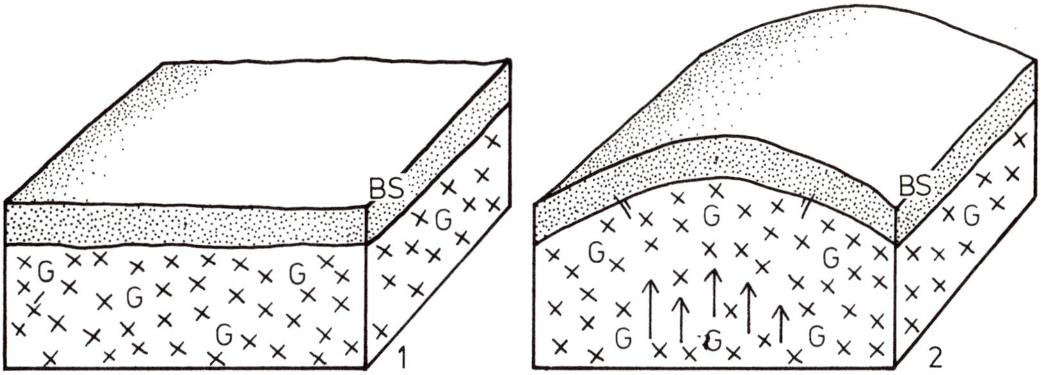

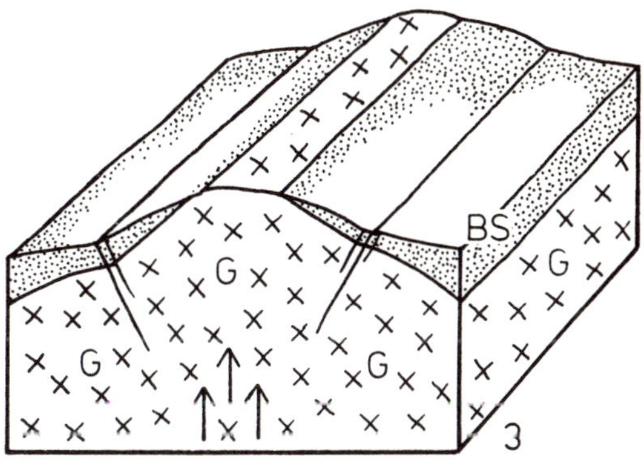

1. Auf dem Grundgebirge aus Gneis liegt die Decke aus Buntsandstein.

2. Druck aus der Tiefe wölbt das Gebirge hoch.

3. Die Decke wird abgetragen. Das Grundgebirge erscheint an der Oberfläche. Die Spannungen im Gewölbebogen bewirken Risse.

4. Unter seinem eigenen Gewicht sinkt der Keil langsam in die Tiefe.

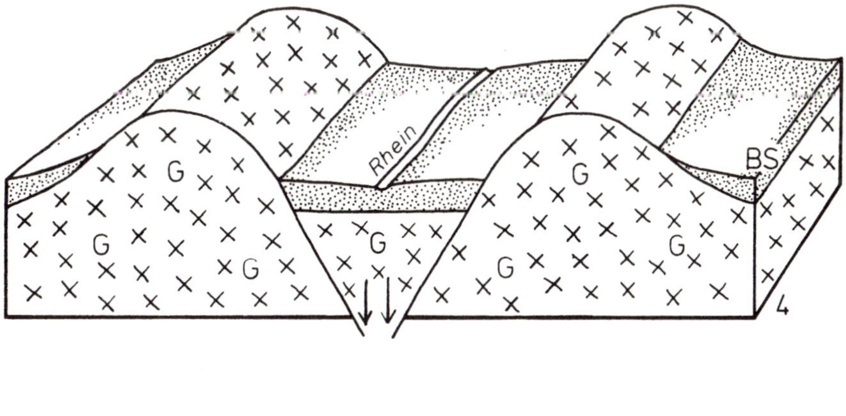

Die Geologen wußten es lange Zeit auch nicht genau. Sie sprechen von einem *Graben*. Ein Graben entsteht, indem man ein Stück Erde ausgräbt und wegtransportiert. Das könnte der Rhein gemacht haben. Ein so großer Strom schleppt schon allerhand Steine, Geröll und Sand mit sich. Aber sich in ein über tausend Meter hohes Gebirge einzugraben, und dazu noch auf einer Breite von 30 Kilometern – das kann selbst der Rhein nicht geschafft haben. Durch ein großes Erdbeben kann ein so riesiger Graben auch nicht entstanden sein.
Die Geologen haben im Rheingraben gebohrt. Bis zu einer Tiefe von mehr als tausend Metern fanden sie nur Schotter und Sande. Dann stießen sie auf Sandstein, darunter auf Gneis. Tief unten im Graben befand sich also das gleiche Gestein wie auf der Höhe! Daraus schloß man, daß hier ein Stück des Gebirges langsam, in Millionen Jahren, in die Tiefe gesunken war.
Der Zufall kam den Forschern zu Hilfe und bestätigte ihre Vermutung. Am Rand der Stadt Freiburg liegt der Lorettoberg; im Westen besteht er aus Sandstein, im Osten aus Gneis. 1928 wurde ein Eisenbahntunnel durch den Berg gegraben. Mitten im Tunnel entdeckten die Geologen eine scharfe Trennungslinie zwischen Gneis und Sandstein. Entlang der Linie war der harte Gneis zerdrückt und zu Schiefer zusammengepreßt. Die Gleitbahn war gefunden, entlang der der riesige Gesteinsklotz zwischen Schwarzwald und Vogesen in die Tiefe gesunken war.
Folgende Beobachtung war für die Enträtselung außerdem wichtig: Die Gleitlinie fiel nicht senkrecht ab; sie neigte sich in leichter Schräge zur Mitte des Grabens hin. Wenn man sich die gleiche Linie auf der anderen Seite des Rheins vorstellt, erhält man das Bild eines riesigen Keils, der nach unten spitz zuläuft.
Die Geologen erklären sich den Vorgang folgendermaßen: Vogesen und Schwarzwald bildeten ursprünglich ein zusammenhängendes Gebirge, denn sie bestehen aus dem gleichen Gestein: aus Gneis und Granit, mit einer nicht mehr überall vorhandenen Decke aus Buntsandstein. Ein riesiger Druck aus der Tiefe hat das Gebirge aufgewölbt. Schließlich zerriß es zu beiden Seiten der höchsten Stelle, und der schwere Gebirgskeil sank langsam in die Tiefe. In die Senke floß zuerst ein Meeresarm, später der Rhein aus dem Alpengebirge. Er hat den Graben zu einem Teil wieder ausgefüllt.

Steinornamente auf dem Bürgersteig

In der Stadt Freiburg und ihrer Umgebung stößt du auf Schritt und Tritt auf Spuren der eben erzählten Erdgeschichte. Wenn du am Feldberg oder am Schauinsland Ski fährst, liegt unter dem Schnee über 600 Millionen Jahre altes Gestein. Du gehst über manche Bordsteinkante aus Schwarzwaldgranit, du siehst ihn an Haus- und Kirchenmauern; er ist über 300 Millionen Jahre alt. Das Münster in Freiburg ist aus dem 200 Millionen Jahre alten Sandstein gebaut, der aus dem Deckgebirge geholt wurde. In kaum einer Stadt gibt es so schöne Muster auf den Bürgersteigen wie in Freiburg. Die Schottersteine, aus denen sie gemacht sind, stammen aus der Rheinebene. Seit etwa 20 Millionen Jahren bis heute tragen die Flüsse sie in den Rheingraben hinein und füllen ihn langsam wieder auf. Gleichzeitig sinkt der Rheingraben, das heißt der Gebirgskeil, weiter ab. Erdbeben zeugen von Zeit zu Zeit von der anhaltenden Erdbewegung.

Ornamente aus Schottersteinen der Rheinebene auf den Bürgersteigen Freiburgs

Eine Steinmetzwerkstatt aus der Römerzeit

Susanne hat Besuch von einer französischen Freundin. Eines Abends sagt ihr Vater: »Morgen früh fahren wir ins Felsenmeer.«
In der Nähe von Bensheim, bei Reichenbach im Odenwald, lassen sie ihr Auto auf einem Parkplatz stehen und steigen den Berg hinauf. Bald schon haben sie die ersten Felsen erreicht. Riesenblöcke liegen kreuz und quer durcheinander. Die Lichtung sieht wirklich aus wie ein Meer aus Felsen. Die beiden Mädchen kriegen gar nicht genug vom Klettern. Da liegt plötzlich eine Säule zwischen den Felsen, über neun Meter ist sie lang. »Wie kommt die denn dorthin?« fragt Susanne.
»Die lag schon immer da«, antwortet ihr Vater. »Ich erzähle euch gleich die Geschichte.«
Ein paar Schritte weiter fällt ihnen ein großer, eckiger Stein auf. Zwei schnurgerade Einkerbungen ziehen sich über seine ganze Länge hin. Susanne und Emmanuele stehen schon oben drauf. »Das sieht aus wie eingesägt!«
»Es ist auch eingesägt«, sagt Susannes Vater. »Hier hatten die Römer vor bald 2000 Jahren einen Steinbruch. Mit Sägen haben sie Kerben in den harten Granit geschnitten. Es muß unwahrscheinlich lange gedauert haben, bis eine Kerbe einige Zentimeter tief, wie diese hier, war. Dann haben sie Meißel und Keile angesetzt, um die Kerbe zu vertiefen. Auf dem Kerbstreifen haben sie an einigen Stellen größere Löcher eingeschlagen. Da hinein haben sie Holzkeile getrieben und sie mit Wasser übergossen. Das Holz hat sich ausgedehnt und den Stein gespalten. Mit Wasser, Sand und anderen Steinen haben sie dann einen ekkigen Block zu einer runden Säule zugeschliffen.«
»Das muß ja Jahre gedauert haben, bis so eine Säule fertig war«, staunen die Mädchen.

Riesensäule aus dem Felsenmeer bei Reichenbach

Felsenmeer bei Reichenbach im Odenwald

Granit aus dem Odenwald

»Das mag wohl sein. Die Römer in Mainz, Trier und Köln wohnten gern in Häusern und Palästen, die aus schönen Steinen gebaut waren. In Trier, vor dem Dom, liegt noch eine Säule, die aus diesem Steinbruch stammt.«

»Wie ist denn das Felsenmeer entstanden?« möchte nun Susanne wissen.

»Früher erzählte man sich eine Sage«, beginnt ihr Vater. »Hier auf den Bergen wohnten zwei Riesen. Eines Tages bekamen sie Streit miteinander. Sie schimpften aufeinander los: ›Du willst mir mein Holz stehlen!‹ – ›Und du mir meine Herde wegtreiben!‹ Der eine hob einen Stein auf und warf ihn auf seinen Nachbarn. Der ließ sich das nicht gefallen und warf einen dickeren Stein zurück. Schließlich warfen sie mit Felsbrocken. Der Riese, der hier am Felsberg stand, trug die schwereren Wunden davon und wurde am Ende von seinem Gegner mit den Felssteinen zugedeckt. Manchmal kann man heute noch sein Stöhnen hören.«

»Wie ist es aber wirklich gewesen?«

»Das hat wieder etwas mit der Verwitterung zu tun. In jedem Gebirge wittern Steine vom festen Felsuntergrund ab. Sie bleiben am Hang liegen oder rollen den Hang hinunter. Hier ist der Hang ziemlich flach. Die schweren Brocken können kaum heruntergerollt sein. Die Geologen erklären sich die Entstehung der Felsmeere so:

In der Eiszeit war der Boden gefroren und taute in den kurzen Sommern nur an der Oberfläche auf. Der Schlamm begann, auf dem gefrorenen Untergrund wie auf einer Rutschbahn bergab zu fließen. Die Felsblöcke rutschten mit, dem Tal zu oder in flache Mulden hinein. So sind hier einige solcher Felsmeere entstanden.

Die römischen Bauleute brauchten die Steine nicht erst von einer Felswand abzusprengen wie in einem gewöhnlichen Steinbruch; sie haben sich hier einfach die passenden Steine ausgesucht.«

Vergleichst du den hier abgebildeten Granit mit dem aus dem Schwarzwald (S. 22), stellst du fest, daß der Odenwälder viel dunkler ist. Die vielen dunklen Teile bestehen aus dem Mineral *Hornblende*. Die Gesteinskundler nennen ihn *Diorit*.

Es gibt viele Arten von Granit und granitähnlichen Steinen. Für deine erste Sammlung kannst du aber ruhig alle Steine, in denen verschiedene Körner regellos gelagert sind, als Granit einordnen. Später benutzt du dann für weitere Unterscheidungen ein Bestimmungsbuch.

Kleines Lexikon

Schwarzwald, Odenwald und die linksrheinisch gelegenen *Vogesen* gehören zu den uralten Gebirgen. Teile von ihnen stammen noch aus der Urzeit der Erde, die von den Geologen als Archaikum oder auch *Prä*kambrium bezeichnet wird. Mit dem letzten Wort wollen sie ausdrücken, daß die Zeit *vor* dem Kambrium und damit über 600 Millionen Jahre zurückliegt.

Grundgebirge und *Deckgebirge*: Wo du im Schwarzwald auf Granit oder Gneis stößt, bist du im Grundgebirge; der Buntsandstein gehört zum Deckgebirge. Die Geologen haben für die deutschen Gebirge eine Grobeinteilung vorgenommen und sprechen von einem Grundgebirge, einem darüberlagernden Deckgebirge und einer noch einmal darüberlagernden Bedeckung durch Lockergesteine oder Lockersedimente. Die Alpen sind ein sehr junges Gebirge, auf das diese Einteilung nicht zutrifft.

Das Grundgebirge ist das älteste, es ist schon in der Urzeit der Erde entstanden. Zum Grundgebirge wird auch das Rheinische Schiefergebirge gerechnet, das im Erdaltertum, in der Kohlezeit, aufgefaltet und später, im Perm, wieder abgetragen wurde.

Zum Deckgebirge gehören in Deutschland der Buntsandstein und alle Kalkgebirge mit Ausnahme der zum Schiefergebirge gehörenden Teile.

Die Süddeutsche Hochebene, der Rheingraben und die Norddeutsche Tiefebene werden von lockeren Gesteinen bedeckt, die sich erst in der späten Tertiärzeit und in der Eiszeit gebildet haben.

Rheingraben: Er ist in der Tertiärzeit entstanden. Schwarzwald und Vogesen bildeten früher ein zusammenhängendes Gebirge. Es wurde durch Druck aus dem Erdinnern aufgewölbt. Dabei wurde die Spannung so stark, daß es an der höchsten Stelle zerriß und der Keil in die Tiefe sank.

Ein sehr großer Grabenbruch auf der Erde ist der ostafrikanische Graben, der im Süden von Ostafrika beginnt und sich über das Rote Meer bis ins Jordantal hineinzieht. Es sieht so aus, als würde Ostafrika vom übrigen Kontinent weggezogen.

Granit: Er ist ein ziemlich weitverbreitetes Gestein und tief unter der Erdoberfläche entstanden, wo die glutflüssige Gesteinsschmelze lange Zeit hatte, um abzukühlen und zu erstarren. Dabei konnte der Granit die schönen und oft großen Kristalle bilden, wodurch er bei den Bauleuten so begehrt ist.

Alle in der Tiefe erstarrten Gesteine werden Tiefengesteine genannt. Sie haben ein »granitisches« Aussehen, das heißt, sie bestehen aus fest zusammengefügten und unregelmäßig verteilten Körnern verschiedener Mineralien.

Die Hauptbestandteile des Granits sind Feldspat, Quarz und Glimmer. Die grauen Quarzkörner sind die härtesten. Sie ritzen sogar Glas. Feldspat ist nicht ganz so hart wie Quarz und gewöhnlich gelb, weiß oder rosa. Der sehr weiche Glimmer bildet feine, glitzernde Schuppen. Er kommt als schwarzes oder silbriges Mineral vor. Wo der Granit an der Oberfläche liegt, wie im Schwarzwald, ist er gewöhnlich bei der Gebirgsbildung hochgehoben worden; die darüberliegenden Schichten sind verwittert und abgetragen worden.

Gneis: Der Gneis, den du im Schwarzwald findest, ist viel älter als der Granit, vielleicht schon eine Milliarde Jahre alt. Granit oder auch Absatzgesteine sind bei viel älteren Gebirgsbildungen wieder in die Tiefe gesunken, unter dem Druck und der Hitze geschmolzen und umgewandelt worden. Einzelne Mineralien, besonders Glimmer, haben sich in Streifen eingeregelt, andere Mineralien sind neu entstanden. Gesteine, die sich später wieder umgewandelt haben, nennt man Umwandlungsgesteine (metamorphe Gesteine). Gneis, Glimmerschiefer, Quarzitschiefer, auch der Schiefer werden dazugerechnet.

Frost und Wasser zersägen ein Gebirge

Der Teufelstisch

Herr Oßwald fährt mit den Kindern seiner vierten Klasse in die Südpfalz, ins Dahner Felsenland (Karte S. 40). Beim Dorf Hinterweidenthal, direkt an der Bundesstraße 10, führte ein Weg bergan. Schon rufen die ersten, die vorausgelaufen sind: »Was für ein komischer Felsen! Wie ist der denn dahingekommen?« Die Kinder versammeln sich unter einer mächtigen Felsplatte, die von einer schmalen Säule getragen wird (Abb. S. 34).
Herr Oßwald erzählt: »Den Felsen hat der Teufel so hingesetzt.« – »Herr Oßwald, das gibt's doch nicht!« – »Doch, doch, eines Nachts schlich der Teufel hier durch die Gegend. Er hatte Hunger und wollte essen, fand aber keinen Platz, wo er sich hinsetzen konnte. In seiner Wut griff er einen schmalen Felsen, rammte ihn in den Boden und legte einen zweiten als Tischplatte obendrauf. Und bis heute heißt der Felsen Teufelstisch.«
»Das ist eine Sage«, meint ein Mädchen.
»Wie ist es denn wirklich gewesen?« wollen nun die Kinder wissen.
»Schaut euch doch erst einmal um!« sagt Herr Oßwald. Schwere Felsbrocken liegen rund um den Tisch. Auf einer Platte haben einige Kinder sich niedergelassen. In der Umgebung entdecken sie noch mehr ähnlich geformte Felsplatten und Säulen. Nach einer Weile ruft Herr Oßwald die Kinder an die Tischsäule. Sie besteht aus lauter einzelnen Schichten, manche sind tief eingenagt.
»Ihr könnt mit den Fingern fühlen, daß die Schichten ziemlich weich sind. Einzelne Körner lassen sich leicht herausreiben. Die Felsplatte, auf der ihr eben gesessen habt, ist härter. Sie ist von oben herabgefallen, als ihre Säule zu dünn wurde und sie nicht mehr tragen konnte.«
»Dann wird der Teufelstisch auch einmal umfallen?« fragt Monika. »Wahrscheinlich. Vielleicht ist aber bis dahin weiter hinten am Hang ein neuer, ähnlicher entstanden.« Da ruft ein Mädchen ganz erschrocken: »Wenn das immer so weitergeht, gibt es ja eines Tages keine Berge mehr!« – »Es sieht fast so aus«, meint Herr Oßwald, »das Seltsame ist nur, überall auf der Erde werden zwar Berge abgetragen, aber ständig entstehen aus dem Meer auch wieder neue Berge.«

Ein Gebirge verwittert

Nimm einen Sandstein und lege ihn über Nacht ins Wasser. Dann lege ihn ins Gefrierfach oder in die Tiefkühltruhe. Jeden Tag nimmst du ihn wieder heraus, taust ihn unter Wasser auf und schiebst ihn wieder zurück ins Kühlfach. Wenn du es einmal vergißt, macht es nichts; es kommt nur darauf an, daß du es

möglichst oft tust. Nun notiere dir in dein Steineheft: Sandstein eingefroren am . . .
Für jedes Auftauen und Wiedereinfrieren machst du einen Merkstrich. Beim wievielten Mal lösten sich einzelne Stückchen? . . .
Wie lange hat es gedauert, bis du den Stein in der Hand zerdrücken konntest? . . .
Was du mit deinem Stein gemacht hast, ist eine künstliche *Verwitterung.* Der Sandstein hat feine Poren und Risse, in die das Wasser eindringen kann. Wenn sich bei Frost das Wasser in Eis verwandelt, dehnt es sich aus und drückt den Stein ein winziges bißchen auseinander. Wieder dringt Wasser ein, wird zu Eis und drückt die Steinteilchen auseinander. Auf die Dauer wird so ein Stein zum Erweichen gebracht.
Wie verhält sich aber ein sehr harter Stein mit glatter Oberfläche, z. B. ein Kieselstein? Auch auf einem Kieselstein wirst du feine Risse erkennen. Hitze dehnt den Stein besonders an der Oberfläche ein wenig aus, Kälte zieht ihn wieder zusammen. Auf die Dauer lockern sich so die fest verbundenen Mineralteile; es bilden sich Risse, in die das Wasser erneut eindringt und die Verwitterungsarbeit fortführt.
In Wüsten, in denen es tagsüber sehr heiß und nachts kalt ist, verwittern die Felsen sehr rasch. Dort *ertrinken* die Berge, wie die Geologen sagen, in ihrem eigenen Verwitterungsschutt.
Frost und Hitze, Regen und auch der Wind lassen unsere Berge langsam verwittern. Das Wasser trägt den Verwitterungsschutt ins Tal, zermahlt ihn und führt ihn schließlich ins Meer. Du kannst sagen, die Berge sind auf der Wanderung ins Meer.
In der Südpfalz findet man besonders schöne Formen der Verwitterung. Viele Felsen haben von den Leuten Namen bekommen: »Braut und Bräutigam«, »Kanzelfelsen«, »Teufelstisch«. Daß die Felsen zu so seltsamen Formen verwittern, hängt mit der Beschaffenheit des Sandsteins zusammen. Dieser ist nicht gleichmäßig fest, sondern härtere und weichere Lagen wechseln sich ab. Die Zeichnung erklärt die Entstehung eines Tischfelsens.

Entstehung eines Tischfelsens durch Verwitterung

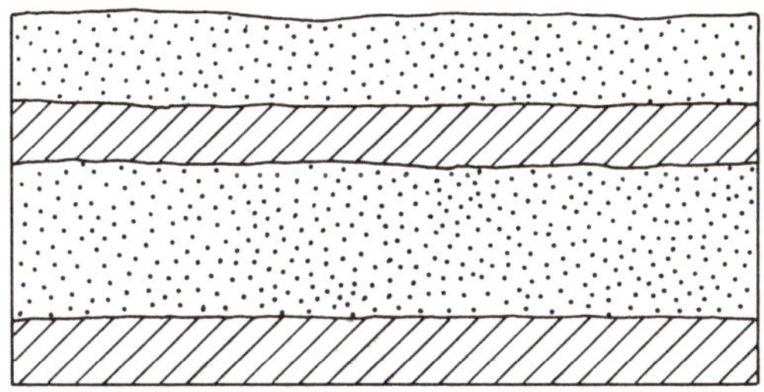

1 Härtere und weichere Schichten wechseln sich ab.

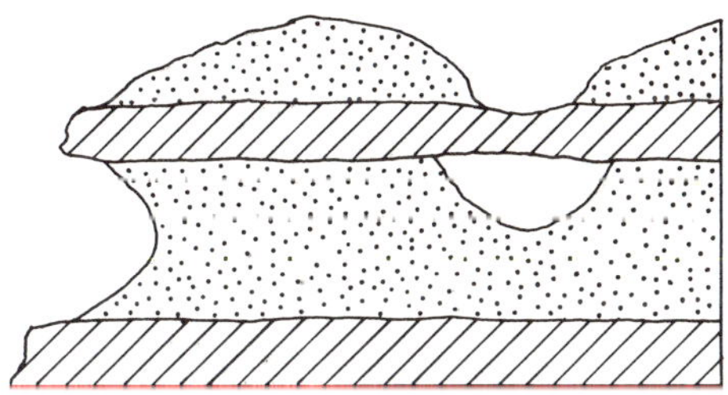

2 Die Verwitterung greift die weicheren Schichten am stärksten an. Wasser und Wind führen den Verwitterungsschutt weg.

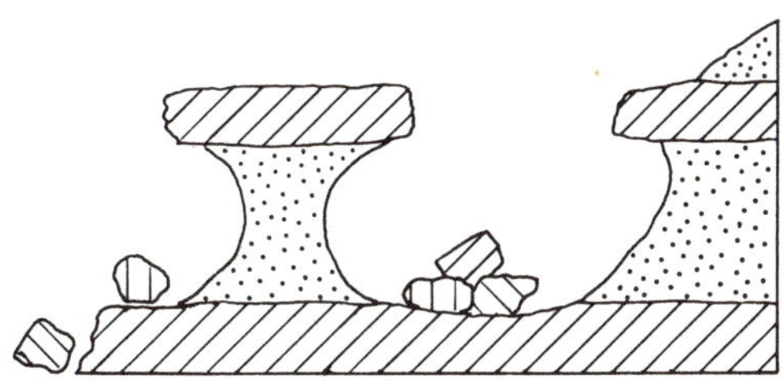

3 Ein Tischfelsen ist entstanden. Die härteren Gesteine der oberen Schicht liegen als Trümmer umher.

Die Felsen eignen sich gut zum Klettern, und Bergsteiger üben sich an besonderen Kletterfelsen. Früher boten die Felsen den Menschen Schutz in Kriegszeiten. Deshalb wurden viele Burgen in den Sandstein gebaut. Manchmal sind die unteren Stockwerke in den Fels hineingeschlagen, und nur die oberen wurden mit gebrochenem Sandstein errichtet. Die Burg Berwartstein z. B. war früher nur durch einen senkrechten Schacht im Fels zugänglich. Wenn ein Feind nahte, brauchten die Bewohner nur die Strickleiter hochzuziehen.

Warum ist der Sandstein so rot?

Sandstein findest du in vielen Gegenden vom Süden bis zum Norden Deutschlands. Der Pfälzerwald und der Westabhang der Vogesen bestehen aus Sandstein. Im vorigen Kapitel hast du bereits gelesen, daß der Schwarzwald im Norden und Osten eine Sandsteindecke trägt. Dann kannst du den Sandstein weiter nach Norden verfolgen. Der Ostteil des Odenwaldes, der Spessart, große Teile der Rhön sind mit Sandstein bedeckt. Entlang der Flüsse Fulda und Werra und der Weser bis nach Hameln finden wir Sandstein. Und dann taucht noch einmal weit im Norden Deutschlands, in der Nordsee auf der Insel Helgoland, ein großer Felsklotz aus Sandstein auf (Abb. S. 36 oben).

Wenn du durch ein Sandsteingebiet wanderst, fällt dir immer wieder die rote Farbe der Felsen auf. Manchmal, aber nur selten, sind auch gelbe oder gar weiße Bänder dazwischen – daher der Name *Buntsandstein.* – Woher kommt es, daß die rote Farbe vorherrscht?

Als vor 220 Millionen Jahren das Sandsteingebirge entstanden ist, war das Klima sehr trocken. Deutschland war eine Wüste. Nun ist es auch in der Wüste tief im Boden immer ein wenig feucht. Die Feuchtigkeit löst Mineralien im Boden und dringt durch die feinen Risse und Poren nach oben, mit ihr auch die gelösten Mineralien. In den oberen Schichten verdunstet sie, die Mineralien setzen sich ab.

Eisen ist ein sehr weitverbreitetes Mineral. Im Buntsandstein hat sich die Eisenlösung um die Sandkörnchen gelegt, sie dabei fest miteinander verkittet und dem Sandstein die rote Farbe gegeben. Auch kieselsäurehaltige Lösungen haben bei der Verkittung mitgeholfen. So ist aus der Sandwüste das deutsche Sandsteingebirge geworden.

Das Eisenerz hat sich an einigen Stellen so verdichtet, daß es abgebaut und zu Eisen verarbeitet wurde. Namen wie »Erzhütten«, »Erzenhausen«, »Alte Schmelz« deuten darauf hin. Heute lohnt sich der Abbau nicht mehr; doch kannst du manchmal in solchen Gegenden recht schöne Stücke von Eisen-

Bildlegenden zu den Farbfotos

Seite 33

Oben links: Pyritisierte Ammoniten, auch Goldschnekken genannt (Fundort: Fränkische Alb)

Oben rechts: Eine frei schwimmende Seelilie aus dem Jurameer (Fundort: Eichstätt)

Mitte links: Gelber Kupferkies, dunkler Bleiglanz und helle Quarzadern in einem Stein (Fundort: Braubach)

Mitte rechts: Buntkupferkies (Fundort: Braubach)

Unten: Dieser mächtige Schädel eines Triceratops steht im Senckenberg-Museum in Frankfurt/M.

Seite 34

Oben links: Der »Teufelstisch« im Dahner Felsenland, entstanden durch Verwitterung

Oben rechts: Die Marksburg bei Braubach am Rhein, erbaut aus fast 400 Millionen Jahre altem Schiefergestein

Unten links: Kalksteinbruch in der Fränkischen Alb, vor 130 Millionen Jahren im Jurameer entstanden

Unten rechts: Basaltsäulen in einem Steinbruch im Westerwald, von einem Vulkan aus der Tertiärzeit

In einem Sandsteinbruch haben Künstler diese Figuren geschaffen.

sandstein finden. (Vgl. Abb. S. 35 u. links.) Du hast schon gelesen, daß Sandstein weicher ist als Granit. Außerdem läßt er sich gut spalten und zu Platten zersägen. Wegen seiner schönen roten Farbe wird er gern als Baustein verwendet. Am Ostrand der Stadt Kaiserslautern in der Pfalz, direkt an der Bundesstraße 40, liegt ein Steinbruch. Sandsteinblöcke werden aus den Felsen gesprengt und von großen Motorsägen zu Platten zerschnitten. Das ist die alltägliche Arbeit. Vor einigen Jahren lud der Besitzer einige Künstler in seinen Steinbruch ein. Täglich konnte man die Bildhauer am Werk sehen, wie sie mit Hammer und Meißel Säulen, Brunnen und Figuren aus dem Stein herausschlugen.

Bildlegenden zu den Farbfotos
Seite 35
Oben: Achatdruse mit Bergkristallen (Fundort: Idar-Oberstein)

Mitte links: Ein Achat, gefunden und geschliffen in Idar-Oberstein, entstanden in der Vulkanzeit des Perm, vor 250 Millionen Jahren

Mitte rechts: Teil einer Druse aus Bergkristallen und Kalkspatkristallen (Fundort: Idar-Oberstein)

Unten links: Eisensandstein aus dem Pfälzerwald

Unten rechts: Ein strahlenförmiger Malachitkristall (Kupfererz) auf Porphyr (Fundort: Donnersberg)

Seite 36
Oben: Die »Rote Anna« auf Helgoland. Die Insel in der Nordsee ist ein versunkener und wieder emporgehobener Felsen aus Buntsandstein.

Unten: Der Sassongher in den Dolomiten. Die Dolomiten gehören zu den Alpen; sie entstanden im Erdmittelalter im Meer und wurden in der Tertiärzeit zu einem Gebirge aufgefaltet.

Kleines Lexikon

Buntsandstein gibt es an vielen Stellen der Bundesrepublik, besonders im Pfälzerwald, Schwarzwald, Odenwald, Spessart, in der Rhön, in Hessen und Niedersachsen; sogar die Insel Helgoland besteht aus Buntsandstein. Die Geologen haben die Zeit, in der er sich gebildet hat, die Buntsandsteinzeit genannt. Mit ihr beginnt vor 220 Millionen Jahren das Erdmittelalter, das Mesozoikum. Etwa 20 bis 30 Millionen Jahre lang war das Gebiet Deutschlands von einer Wüste bedeckt, in die nur ab und zu ein flaches Meer eindrang.

Verwitterung: Sobald ein Gebirge aus dem Meer herausragt, beginnt die Verwitterung an ihm zu arbeiten. Hitze und Kälte, Eis und Wasser sind Kräfte der Verwitterung. Aus Pflanzen ausgeschiedene oder im Wasser vorhandene chemische Lösungen greifen den Stein an.

Der Wind bläst die weicheren Teile aus. Ist das Gestein einmal gelockert, beginnt die Abtragung. An steilen Hängen fallen die Steine herab. Es bilden sich Schutthalden, und es kann vorkommen, daß die Gebirge im eigenen Verwitterungsschutt ertrinken.

Wasser wäscht Rinnen und Gräben, schließlich Schluchten und Täler in das Gestein; dieser Vorgang heißt Erosion. Bäche und Flüsse transportieren den Schutt weiter und lagern ihn in der Ebene und im Meer ab.

Die Verwitterung ist also eine abtragende Kraft, die die Gebirge erniedrigt. Ihr gegenüber steht eine gebirgsbildende Kraft, die aus dem Innern der Erde kommt und neue Gebirge bildet.

Von Haifischzähnen und Edelsteinen

Eine 250 Millionen Jahre alte Oase

An der Nahe liegt das kleine Städtchen Sobernheim und an dessen Rand eine Ziegelei. Kein Mensch vermutet hier eine Oase. Oasen gibt es schließlich in der Wüste. Palmen wachsen da, die Bauern pflanzen Gemüse an, und einige Nomaden ziehen mit ihren Kamelen dorthin, um Wasser zu finden. Und doch war an der Stelle, wo heute die Ziegelei ist, eine Oase. Allerdings ist das schon 250 Millionen Jahre her. In Europa muß es zu dieser Zeit sehr heiß und trocken gewesen sein. Die Geologen nennen diesen Zeitabschnitt das *Perm.*

Vom Besitzer der Ziegelei erbitten wir die Erlaubnis zum Betreten. Er gibt sie uns nicht gern, weil einige Besucher vor uns Werkzeuge und Geräte der Arbeiter kaputtgemacht haben. Schließlich dürfen wir doch hinein.

Die Farbe des Bodens ist rot, das deutet auf Wüste hin. An einer steilen Böschung stoßen wir auf graue und grüne Schichten, die wir durch die ganze Grube hindurch verfolgen können. Darin suchen wir nach Pflanzen. Wir finden Abdrücke von Farnblättern, auch ein Stück eines Schachtelhalms.

Auf der schönsten Platte (Abb. rechts) ist ein Farnwedel abgedrückt. Deutlich heben sich der Stiel und die feinen Blättchen aus dem Ton heraus, so als seien sie erst vor ein paar Wochen zwischen die Steine gepreßt und nicht schon vor 250 Millionen Jahren vom Schlamm zugedeckt worden.

Ein Arbeiter der Ziegelei, der schon viele Versteinerungen gefunden hat, zeigt uns seine Sammlung. Seine Arbeitsstube sieht aus wie ein kleines Museum. Da liegt ein Farnwedel, über einen halben Meter lang, neben einem armdicken Stamm eines Schachtelhalms. Auf verschiedenen Platten sehen wir Zweige mit sternförmigen Blattquirlen und andere, die Gras- oder Kornähren ähnlich sind. Sie stammen von einem der ersten Nadelbäume, die vor 250 bis 300 Millionen Jahren entstanden. Woher weiß man, daß an dieser Stelle eine Oase war?

Die grauen und grünen Schichten aus Ton und

Ein 250 Millionen Jahre altes Farnblatt (Fundort: Sobernheim an der Nahe)

In der Karbonzeit, vor 350 bis 280 Millionen Jahren, wurde das Rheinische Schiefergebirge zu einem hohen Gebirge aufgefaltet. In der folgenden Wüstenzeit, dem Perm, vor 280 bis 220 Millionen Jahren, wurde es wieder abgetragen. Der Verwitterungsschutt sammelte sich in Mulden. An feuchten Stellen bildeten sich Oasen.

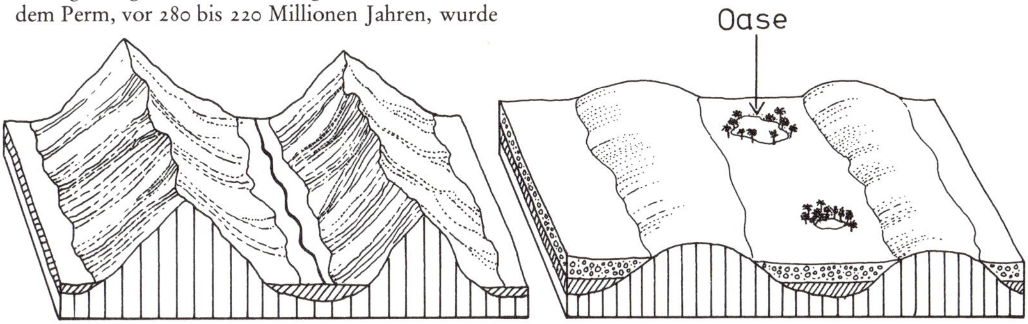

Abtragung eines Gebirges

Kalk deuten darauf hin. Denn nur in diesen Schichten werden Pflanzenreste gefunden. Im roten Wüstenboden findet man kaum Pflanzenreste, dafür aber Steine, die aus dem Hunsrück stammen. Das Gebirge zieht sich ganz nahe im Nordwesten hin. Wie das Schiefergebirge, zu dem auch der Hunsrück gehört, damals abgetragen wurde, kannst du auf den Seiten 57/58 lesen.

Bäche und Flüsse transportierten Steine und Schlamm aus dem Gebirge heraus und lagerten den Schutt in einer Senke vor dem Gebirge ab. Die Senke reichte von Frankreich bis nach Mitteldeutschland zum Harz. Sie war die große Wüste, in der es auch an einigen tieferen Stellen, wo sich das Wasser sammeln konnte, Oasen gab. Darin wuchsen Farne und Schachtelhalme, groß wie Bäume. Die ersten Nadelhölzer breiteten sich aus und einige Verwandte der Nadelbäume, die aber bald wieder ausstarben.

Anhand der Schichtenfolge kann man deutlich sehen, wie die Wüste die Oase wieder zugedeckt hat. Über den grauen und grünen Schichten lagern wieder rote Sande. Sicher hat die Oase Tausende von Jahren bestanden. Aber gegen die Massen von Schutt und Sand aus dem Gebirge hat sie sich nicht halten können; sie wurde wieder zugedeckt.

In den Haifischklippen

Zwischen Mainz, Bad Kreuznach und Alzey liegt das Rheinhessische Hügelland. Man kann sich kaum vorstellen, daß diese Landschaft, in der der Wein gedeiht, noch vor 20

Konglomerat aus Porphyrgestein

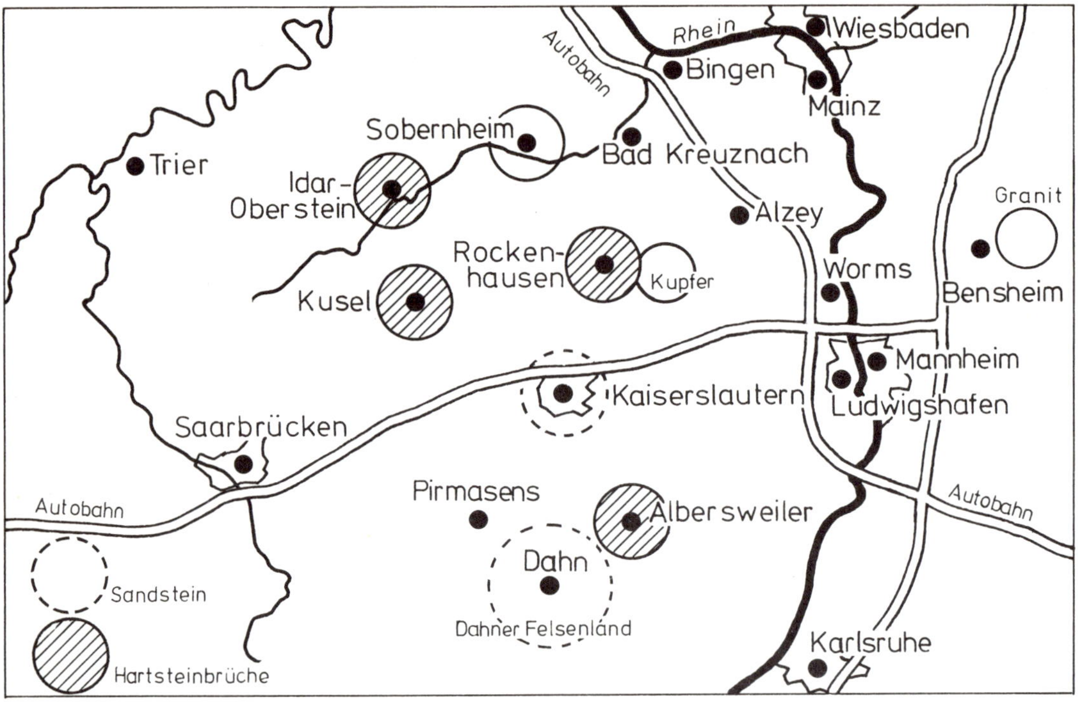

Karte zu den Reisen durch Südwestdeutschland. Hier findest du Gneis und Granit, Sandstein, Hartsteine und Edelsteine, Erze und Fossilien nah beieinander. Vgl. auch die Karte auf S. 50

Millionen Jahren vom Meer bedeckt war. Und doch finden wir hier die Beweise!

Zwischen Bad Kreuznach und Alzey ragen aus den ebenen Feldern einige Bergkuppen empor. Bei manchen befinden sich Kiesgruben. Aber was ist das für ein Geröll! Mindestens kopfgroß sind die kleineren Stücke. Viele haben einen Durchmesser von einem halben Meter. Ungefähr 30 bis 40 Meter hoch türmt sich der Kiesberg, der von Baggern abgeräumt wird. Manche der Steine sind entzwei geschlagen; einen solchen sehen wir uns an.

Das Gestein ist rötlich und sieht dem Granit ähnlich. Doch Granit kann es nicht sein. Zwar liegen die Körner im Stein regellos durcheinander, aber sie sind nicht fest miteinander verbunden, wie es beim Granit der Fall ist. Hier sieht es so aus, als lägen die größeren Körner wie Rosinen in einem Teig. Der Teig selbst ist so dicht, daß wir nur mit einer starken Lupe ganz feine Körnchen erkennen können. Solche Gesteine, bei denen in einer dichten Grundmasse größere Kristalle eingebettet sind, nennt der Geologe *Porphyre.* (Über die Entstehung des Porphyrs kannst du auf Seite 44 mehr lesen.)

In einem anderen schweren Brocken sind viele Steine fest zusammengebacken. Es gibt also auch Steine, die als Schotter oder Verwitterungsschutt irgendwo lagen und durch Kieselsäure- oder Kalklösungen zu neuen Steinen fest verbunden werden. Das ist dann ein *Konglomerat* (Abb. S. 39).

Auf einem großen Stein entdecken wir eine Muschel, eine Auster mit ihren dicken Schalen. Bald finden wir noch mehr. Eine richtige

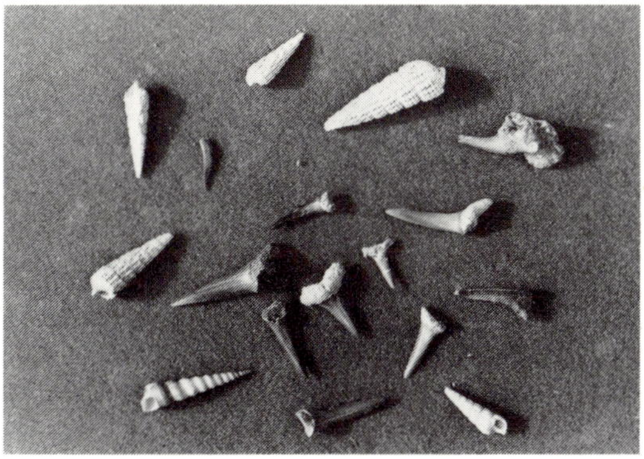

Haifischzähne und Schnecken aus dem Meer der Tertiärzeit (Fundort: Nähe von Alzey)

Austernbank muß hier gewesen sein. Da liegt im sandigen Geröll ein kleiner, spitzer Keil – ein Haifischzahn; wir machen Jagd auf Haifischzähne.
Am Rand einer anderen Kiesgrube, bei Neu-Bamberg, läuft in der Höhe ein schmales, kalkiges Band von dunkler Farbe. Wir schlagen einige Stücke heraus und haben nach kurzer Zeit vier Haifischzähne. Zusammen mit einigen Schneckenhäuschen verstauen wir sie in einer Schachtel. In einer Kiesgrube westlich von Alzey, bei Weinheim, finden wir ebenfalls Haifischzähne im Sand.
Wir müssen noch einmal fragen: Wie kommen Austern und Haifischzähne in die Felder und Weinberge?
Im mittleren Abschnitt der *Tertiärzeit*, vor ungefähr 20 bis 25 Millionen Jahren, ist der Oberrheingraben entstanden; das hast du bereits im Kapitel über den Schwarzwald auf Seite 25 f. gelesen.
In den Graben drang das Meer ein und bedeckte das heutige Rheinhessische Hügelland. Auf dem Meeresboden siedelten Austern, und in dem flachen Gewässer jagten Haifische. Einige Inseln aus Porphyrgestein ragten aus dem Meer heraus. Die Brandung schlug gegen die Felsen, rollte die Steine rund und lagerte sie vor den Inseln in mächtigen Bänken ab. Die ehemaligen Inseln werden heute noch »Porphyrklippen« genannt.

Aus Stein wird Schmuck

Auf einer Reise in Südamerika ging ich in ein Schmuckgeschäft. Auf einer Kette aus Schmucksteinen las ich die Aufschrift: *Idar-Oberstein.* Der Verkäufer erklärte mir, daß die Rohsteine, die man in Südamerika findet, zur Bearbeitung nach Idar-Oberstein geschickt werden, weil die Edelsteinschleifer dort den besten Ruf haben. Die geschliffenen Steine kommen dann nach Südamerika zurück.
Idar-Oberstein ist als Edelsteinstadt in der Welt bekannt. Hier dreht sich alles um den Schmuck. Wir besuchen das Heimat-Museum und sind wirklich überrascht. Da liegen Edelsteine von mehreren Zentnern Gewicht auf dem Boden. Manche haben einen Durchmesser von über einem halben Meter, ihr Hohlraum in der Mitte ist mit Kristallen ausgefüllt. *Gebänderte Achate* in allen Farben liegen in den Vitrinen.
In der Gewerbehalle besuchen wir die größte Edelsteinausstellung Europas. Ein Stein ist schöner als der andere. Wir lesen Namen wie Achat, Jaspis, Chalcedon, Chrysopras. Aus einem Prospekt erfahren wir, daß es in Idar-Oberstein und seiner näheren Umgebung über tausend Achatschleifereien und Schmuckbetriebe gibt. Auf der *deutschen Edelsteinstraße* kann man 17 Edelsteinorte besuchen und Betriebe besichtigen.
Seit 500 Jahren schon werden in Idar-Oberstein und Umgebung Edelsteine, insbesondere Achate, gefunden und zu Schmuckstei-

nen verarbeitet. In der alten »Weiherschleife« können wir zusehen, wie die Achate früher geschliffen wurden.
Der an der Schleiferei vorbeifließende Bach dreht ein Wasserrad, die Drehung wird auf Sandsteinräder übertragen. Davor liegen die Schleifer auf Kippstühlen und drücken die Steine gegen den sich drehenden Sandstein. Mit den Füßen stemmen sie sich gegen ein Brett auf dem Fußboden, und so pressen sie mit dem Gewicht ihres Körpers den Achat gegen den Schleifstein. Es war eine schwere Arbeit. Der Schleifstaub setzte sich in den Lungen fest, so daß die Schleifer nicht alt wurden.
Bis zu Beginn des vorigen Jahrhunderts wurden nur Steine aus der Umgebung verarbeitet. Als die Gruben nicht mehr genug Steine hergaben, wanderten einige Schleifer nach Brasilien aus. Dort wurden auch Rohedelsteine abgebaut. Sie schickten sie in ihre Heimat, und so entwickelte sich die Edelsteinindustrie. Heute werden fast nur noch ausländische Steine verarbeitet. Die Schleifsteine werden elektrisch betrieben, und die Arbeit ist dadurch leichter geworden. Der *Idarer Schliff* ist bei Edelsteinhändlern in der ganzen Welt bekannt. (Vgl. Abb. S. 35.)

Wie sind die Achate entstanden?

Zur gleichen Zeit, als die Farne in der Oase bei Sobernheim wuchsen und der Verwitterungsschutt des Gebirges in die Senke zwischen Saar und Harz hineingetragen wurde, brachen hier *Vulkane* auf. Die größten Ausbrüche fanden bei Baumholder und Idar-Oberstein statt. Die *Lava*, die sich über den Boden ergoß, erreichte eine Dicke von 600 Metern.
Andere Vulkane blieben unter der Oberfläche stecken. Das *Magma* drang in die anderen Gesteinsschichten ein. Durch die Verwitterung wurden die Magmagänge und einzelne Schlote freigelegt. Der Donnersberg z. B. ist ein mächtiger vulkanischer Stock aus Porphyrgestein, der das Hügelland der Nordpfalz weit überragt. Auch der Rheingrafenstein bei Bad Münster am Stein ist vulkanisch, ebenso die Porphyrklippen und viele Berge der Nord- und Westpfalz. Sogar am Ostrand der Haardt hat ein Vulkan seine Lava ausgebreitet.
Die Vulkane sind in der ganzen Senke von der Saar bis zum Harz ausgebrochen. Die meisten entstanden im Südwesten, wo die Senke am breitesten war. Dieses vulkanische Gestein nun ist es, in dem die Achate und anderen Edelsteine gefunden werden.
In der glühenden Vulkanschmelze sind gewöhnlich auch Gasblasen enthalten, so daß bei der Abkühlung des Gesteins Hohlräume entstanden. In diese Hohlräume konnte in Abständen Kieselsäure eindringen. Sie hat sich an den Wänden niedergeschlagen und Schicht um Schicht feinste, nicht mehr sichtbare Kristalle gebildet. In der Kieselsäure waren auch verschiedene Metalle gelöst – Eisen, Mangan, Chrom. Sie gaben dem Achat die schönen Farben. Achat besteht also aus Kieselsäure, die so fein kristallisiert ist, daß sie wie eine einheitliche Masse aussieht, bei der man nur die Schichten unterscheiden kann.
Die Pracht der Farben kommt beim Achat erst durch das Schleifen richtig zum Vorschein. Manchmal ist der Hohlraum der Gesteinsblase – man nennt sie *Mandel* – nicht ganz mit Achat ausgefüllt. Dann sind an den Wänden oft noch andere schöne Kristalle entstanden, aus Quarz, Amethyst oder Kalzit. Diese Mandeln mit Hohlräumen werden *Drusen* genannt. Eine Druse aus Bergkristallen und Kalkspatkristallen findest du auf S. 35.

Woher kommt der Straßenschotter?

Wir fahren auf einer Bundesstraße; plötzlich ein kurzer Stau. Die Straße ist halbseitig gesperrt. Gerade vor uns kippt ein schwerer Laster eine Ladung Schottersteine ab. Überall in Deutschland werden Straßen gebaut und ausgebessert. Dazu sind Unmengen von Steinen nötig. Woher kommen die vielen Steine?

Einer der größten deutschen Steinbruchbetriebe für Straßenbaumaterial liegt in der Nähe von Kusel in der Westpfalz. Vor über hundert Jahren wurde hier eine Eisenbahnstrecke gebaut. Beim Bau eines Tunnels durch den Remigiusberg stießen die Arbeiter auf sehr harte Steine, die sie »Eisensteine« nannten. Heute heißen sie *Hartsteine*. Nun brauchte gerade die Eisenbahn harte Steine für den Unterbau ihrer Gleisanlagen. Hier waren sie bequem abzutransportieren, da die Bahnlinie mitten durch das Hartsteingebiet führte.

Auch die Straßenbauer waren froh über die Hartsteine, und aus dem Steinbruch bei dem Dorf Rammelsbach wurden sie bis nach Frankreich, Holland, Hessen, Baden und ins Rheinland verkauft. Mit der Zeit entstanden zwölf Steinbrüche, die den Remigiusberg von allen Seiten abgruben und ihn an einer Stelle sogar durchstießen.

Das Brechen der Steine ging damals so vor sich: Aus der Wand des Bruches wurde ein Stück losgesprengt. Mit einem schweren Hammer schlug der *Zuschläger* die Steine auf die rohe Form von Pflastersteinen zu. Die *Abrichter* bearbeiteten sie weiter, bis sie die verlangte Größe hatten. Hauptsächlich wurden Pflastersteine hergestellt, weil Straßen und Bürgersteige damals noch gepflastert wurden. Schotter und Splitt brauchte man für den Unterbau der Straßen und für die Bahn. Heute werden kaum noch Pflastersteine hergestellt, aber Schotter und Splitt für den Straßenbau und die Bahn sind nach wie vor notwendig. So wird der 100 bis 150 Meter hohe Berg weiter in zehn Etagen abgebaut. In großen Brechanlagen werden die Steine mechanisch zerkleinert. Förderbänder bringen sie zu Siebmaschinen, wo die gewünschten Größen herausgesiebt werden. Zur Zeit arbeiten 45 Mann in dem Steinbruch, im Jahr 1928 waren es 500. Sie fördern täglich etwa 5000 Tonnen Steine. Das sind ungefähr 250 Lastwagen voll. Auch kleinere Steinbrüche bauen täglich etwa 2000 Tonnen Hartsteine ab.

Hartsteine und Edelsteine gehören zusammen

Über diese Überschrift staunst du wohl! Was sollen die allereinfachsten und wertlosen Straßensteine mit den schönsten und wertvollsten, den Edelsteinen, zu tun haben?

Du hast jetzt schon mehrmals vom *Porphyr* gelesen. Das Wort *Melaphyr* muß noch hinzukommen. Es sind zwei Namen für Gesteine, die bei den Vulkanergüssen entstanden sind. Porphyr ist meistens rötlich, Melaphyr dunkel. Fachleute unterscheiden noch verschiedene Mischungen, Farben und Zusammensetzungen. Allen gemeinsam ist, daß es harte, vulkanische Gesteine sind. Die härtesten und dichtesten werden zum Straßenbau verwendet. Die Stellen, an denen sich die Hohlräume, die Mandeln, finden, werden von den Steinsammlern am meisten geschätzt. Die Steinbrucharbeiter selbst sind längst zu Steinsammlern geworden.

Grundgebirge und Deckgebirge

Im Kapitel über den Schwarzwald hast du bereits den Granit und den Gneis kennengelernt. Jetzt sind Porphyr und Melaphyr hinzugekommen. In die gleiche große Gruppe der Hartsteine gehört der Basalt, der uns bereits im nächsten Kapitel begegnen wird.
Mit Ausnahme des Gneises sind alle *Erstarrungsgesteine.* Sie sind durch Abkühlung des glutflüssigen Magmas entstanden. Der Granit ist in einigen Kilometern Tiefe erstarrt und wird deshalb *Tiefengestein* genannt. Beim Gneis sprechen wir von einem *Umwandlungsgestein,* obwohl auch er in der Tiefe erstarrt ist. Er ist entweder aus Granit oder einem Ablagerungsgestein, meistens Schiefer, entstanden, das in die Tiefe gesunken ist. Granit und Gneis gehören als Tiefengesteine und sehr alte Steine zum *Grundgebirge.*

Steinbruch bei Albersweiler in der Nähe von Landau. Deutlich kannst du die beiden Stockwerke des Grundgebirges und des Deckgebirges erkennen. Das Grundgebirge besteht hier aus Gneis, der für den Straßenbau gebrochen wird. Rechts ist in den Gneis in zwei steilen Gängen dunkleres Gestein eingedrungen. Darüber lagert waagerecht das Deckgebirge, das hier aus grobem Sandstein aus der Permzeit besteht.

Porphyr, Melaphyr und Basalt sind durch vulkanische Ergüsse entstanden und heißen deshalb *Ergußgesteine.* Entweder haben sie sich bei einem Vulkanausbruch über die Oberfläche ergossen, oder sie sind kurz unter der Oberfläche steckengeblieben. Sie gehören zum *Deckgebirge.*

Die Einteilung der Hartsteine, die wir bisher kennengelernt haben, wird in der folgenden Tabelle noch einmal verdeutlicht:

		Erstarrungsgesteine	Umwandlungsgesteine
		Ergußgesteine	
Deckgebirge	jung	*Basalt* dunkel, feinkörnig	
	alt	*Melaphyr* dunkel, feinkörnig oft blasige Hohlräume	
	alt	*Porphyr* rötlich, in dichter Grundmasse größere Kristalle	
		Tiefengesteine	
Grundgebirge	sehr alt	*Granit* hell, grobkörnig	*Gneis* meistens helle und dunkle Bänder

Kleines Lexikon

Tertiär: Es ist der letzte große Zeitabschnitt der Erdgeschichte vor dem Einsetzen der Eiszeit und der Entstehung des Menschen. Es dauerte 70 Millionen Jahre und endete vor einer Million Jahren. Im Tertiär war Norddeutschland vom Meer bedeckt. Durch den eingebrochenen Rheingraben entstand eine Verbindung zwischen Nordmeer und Südmeer. So kam es, daß im heutigen Rheinhessischen Hügelland Haifische schwimmen konnten.

Perm: Es ist nach der russischen Stadt Perm benannt. Es ist der letzte Abschnitt des Paläozoikums (Erdaltertum) und begann vor 280 Millionen Jahren. Das Perm war eine Wüstenzeit. In ihr wurde das variskische Gebirge, das sich im Karbon gebildet hatte, abgetragen. An feuchten Stellen wuchsen Farne, Schachtelhalme, auch schon Nadelbäume. Der erste Abschnitt wird wegen seiner roten Wüstenfarbe Rotliegendes genannt. Im zweiten Abschnitt überflutete ein Meer, das Zechsteinmeer, die Wüste und hat viele Salzablagerungen geschaffen.

Hartsteine: Das Perm war zugleich eine Vulkanzeit. Viele Vulkane sind in Südwestdeutschland ausgebrochen und haben die Hartsteine geschaffen, die besonders zum Straßenbau verwendet werden. Die Geologen haben ihnen verschiedene Namen gegeben. Für uns genügt eine einfache Unterscheidung. Die rötlicheren Steine werden Porphyr, die dunkleren Melaphyr genannt. Der Basalt ist ein junges vulkanisches Gestein und im Tertiär entstanden.

Edelsteine: Die meisten Edelsteine, die in der Umgebung von Idar-Oberstein gefunden wurden, gehören zu den Achaten. Auch sie sind vulkanische Gesteine. Bei der Abkühlung der Vulkanschmelze entstanden Hohlräume, in die später Lösungen aus Kieselsäure oder Kalklösungen eindringen konnten. Achat ist fein kristallisierte Kieselsäure, die sich an den Wänden der Hohlräume absetzte und dadurch die Bänderung hervorrief. Die hohlen Mandeln mit größeren Kristallen werden Drusen genannt.

Als die Berge Feuer spien

Woraus ist euer Haus gebaut?

Sieh dir einmal euer Haus genau an. Woraus bestehen die Grundmauern, die Wände, die Treppen, die Fußböden? Womit ist das Dach gedeckt?
Hier ist eine Liste von Baumaterialien: Beton, Backstein, Sandstein, Kalkstein, Bimsstein, Granit, Basalt, Marmor, Schiefer.
Halte in deinem Steineheft fest, an welchen Stellen an oder im Haus du die verschiedenen Steine findest. Wenn du in andere Gegenden kommst, dann achte einmal auf die Steine, aus denen dort die Häuser gebaut sind. Notiere dir die Steine, mache ein Foto oder eine Skizze eines Bauwerkes und klebe sie in dein Steineheft ein. Du erhältst so eine eigene Sammlung von Bauwerken, den Steinen, aus denen sie gebaut sind, und von den Landschaften, in denen du sie gesehen hast.
Woher kommen diese Steine?
Wie sind sie entstanden?
Wie alt sind sie?
Antworten auf solche Fragen findest du im ganzen Buch. Wenn du zum Beispiel etwas über Bimsbausteine oder Schiefer wissen willst, dann schlage im Register am Ende des Buches nach. Hinter den Stichwörtern *Bims*, *Bimsbaustein* oder *Schiefer* sind die Seitenzahlen angegeben, auf denen du etwas über die Steine nachlesen kannst.

Bimsbausteine aus der Eifel

Die linksrheinische Autobahn führt zwischen Koblenz und der Ahr durch ein Gebiet, in dem in den Fabriken täglich Hunderttausende von Bimsbausteinen geformt werden.
Wie ist der *Bims* entstanden?
Auf der Karte auf Seite 50 siehst du nordwestlich von Koblenz den Laacher See. Vor etwa 11000 Jahren muß hier ein gewaltiger Vulkanausbruch stattgefunden haben. Glühender Lavaschaum wurde hoch in die Luft geblasen und schwere Gesteinsbrocken ausgeschleudert. Nach dem Ausbruch war das Neuwieder Becken in eine Wüste aus Bimsstein verwandelt. Dieser Bims ist der erstarrte Lavaschaum.

Bimsgrube in der Nähe des Laacher Sees mit einer haushohen Wand aus Lagen von vulkanischer Asche, Bims, Schlacken und zertrümmertem Schiefergestein

Gesteine, die ein Vulkan auswirft
Links: Vulkanbombe aus Hornblende und Augit (Fundort: Weinfelder Maar)
Rechts: Bimsstein (Fundort: Laacher See)

Auf dem Foto auf Seite 46 siehst du eine haushohe Wand aus Lagen von vulkanischer Asche, Bims, Schlacken und zertrümmertem Schiefergestein. Sie befindet sich nahe der Autobahnausfahrt zum Laacher See.
Solche Gruben finden sich in dieser Gegend an vielen Stellen. Der Bims wird abgegraben, in den Fabriken gemahlen, mit Wasser und Zement vermischt und zu Bausteinen geformt. Dazu eignet er sich sehr gut, weil er leicht ist und durch die vielen Luftblasen zugleich warm hält.
Der helle Stein auf dem Foto oben ist ein Stück Bims aus dieser Grube. Deutlich erkennst du die Poren, die ihn so leicht machen. Er ist acht Zentimeter lang, vier Zentimeter dick und wiegt nur 40 Gramm. Lege einmal einen Bimsstein in eine Schüssel mit Wasser! Die etwa gleich große Vulkanbombe daneben aus den dunklen Mineralien Hornblende und Augit dagegen wiegt 280 Gramm.

Basalt aus dem Westerwald

Das Farbfoto auf Seite 34 wurde in einem Steinbruch bei Westerburg im Westerwald aufgenommen. Hohe fünf- und sechskantige Säulen ragen wie Orgelpfeifen empor. Sie werden abgesprengt und von Arbeitern mit schweren Hämmern auf die richtige Größe zugeschlagen. Lastwagen bringen die fertigen Bausteine zum Rhein. Hier werden sie in Schiffe verladen und nach Holland transportiert. Wenn du einmal in Holland an der Nordsee in Ferien bist, siehst du überall am Strand Mauern, die ins Meer hinausgebaut sind. Diese Buhnen schützen Deiche und Küsten gegen die Brandung. Die Steine für die Buhnen stammen aus dem Westerwald und aus der Eifel.
Auch diese dunkelgrauen und sehr harten Steine verdanken wir den Vulkanen. Sie sind älter als der Laacher-See-Vulkan, etwa 20 Millionen Jahre alt. Damals ist die glühende Lava aus der Tiefe herausgeflossen und hat dicke Decken auf dem Boden gebildet. Sie ist sehr rasch an der Oberfläche erkaltet und zu Säulen erstarrt. Die erstarrte Lava ist der feinkörnige, harte *Basalt*. Zum Straßenbau wird er vorwiegend in Form von Pflastersteinen oder Splitt verwendet. Im Westerwald und in der Eifel sind auch viele Häuser aus Basalt gebaut.

Ein Vulkan explodiert

»Heute wollen wir einen Vulkan besteigen«, sagt Susannes Vater. »Einen Vulkan? Hier gibts doch keinen Vulkan«, zweifelt Susanne. »Woran denkst du denn, wenn du von einem Vulkan sprichst?« – »An einen Berg, der

Der Mosenberg bei Manderscheid in der Eifel mit dem Krater Windsborn

raucht, zum Beispiel an den Vesuv, aber der ist in Italien. Du hast auch schon von Vulkanen in Island erzählt, aber hier gibt es keine.« – »Du wirst schon sehen!«

Susanne und ihre Eltern fahren auf der Autobahn Trier–Koblenz durch die Eifel. Bei Manderscheid biegen sie ab nach dem Mosenberg. (Vgl. Karte S. 50.)

Vom Parkplatz führt ein Pfad ziemlich steil den Hang hinauf. Das ist gerade richtig für Susanne. Sie rennt vor und ruft von oben: »Hier ist ja ein See!« Die Eltern sind auch bald oben. Ein wunderschöner, fast runder See liegt unter ihnen wie in einem Kessel. An einigen Stellen ragen Felsen auf, als ob sie den See einrahmen und schützen wollten.

»Kannst du dir vorstellen, daß wir hier auf dem Kraterrand eines Vulkans stehen?« fragt Susannes Vater. »Nein, das kann ich mir nicht vorstellen. Bei einem Vulkan muß Rauch herauskommen, und glühende Lava muß da sein oder wenigstens vertrocknete Lava.« – »Laß uns doch mal zu den Felsen gehen, und schau dir das Gestein an.«

Das Gestein ist fast schwarz und löchrig, in kleineren Höhlungen liegt bröckeliger Sand. Susanne fährt mit den Händen über die Oberfläche und haut dann mit dem Hammer darauf. »Das ist aber hart!« ruft sie.

»Es ist *Schlacke* des Vulkans. Wir stehen auf seinem Rand und schauen in den *Krater* hinein. Das *Vulkangestein* stammt aus tiefen Schichten der Erde. Dort ist die Hitze so groß, über tausend Grad, daß die Steine schmelzen. Diese Schmelze heißt *Magma.* Durch Spalten und Risse, die tief in die Erdkruste hinabreichen, kann das glühende Gestein hochsteigen. Hier in der Eifel haben sich vor einigen Millionen Jahren solche Spalten gebildet, und etliche Kilometer tief unter der Erde sind richtige Glutherde entstanden.«

»Und da ist dann eines Tages ein Vulkan ausgebrochen?« fragt Susanne. »Ja, und die Steinzeitmenschen, die hier jagten, haben die Ausbrüche noch miterlebt.« – »Müssen die aber einen Schrecken gekriegt haben.«

»Stell dir vor, da kommt eine Gruppe von der Rentierjagd zurück. Bei ihrem Lager setzen sie sich unter einem Felsvorsprung an das wärmende Feuer. Da verdüstert sich der Himmel, es pfeift und donnert. Ein Regen heißer Asche und glühende runde Bomben prasseln auf das Lager nieder.«

»Und die Menschen, die müssen dann ja auch verbrannt sein?« – »Wenn die Höhle unter dem Felsen nicht tief genug war, sind sie durch die Hitze erstickt.« Susanne wird ganz still.

Die niederfallende Asche und die Schlacke bildeten um den Ausbruchsschlot herum einen runden Berg. In der Mitte blieb das Kraterloch, man nennt es *Maar.* Die noch glühenden Brocken sind zusammengebacken und haben die harten Felsen des Kraterrandes gebildet. Die Bauern aus der Umgebung eines Vulkans holen sich die harten Steine und bauen damit die Mauern ihrer Häuser und Gärten. Die zerkleinerten Schlacken werden heute vor allem beim Straßenbau gebraucht.

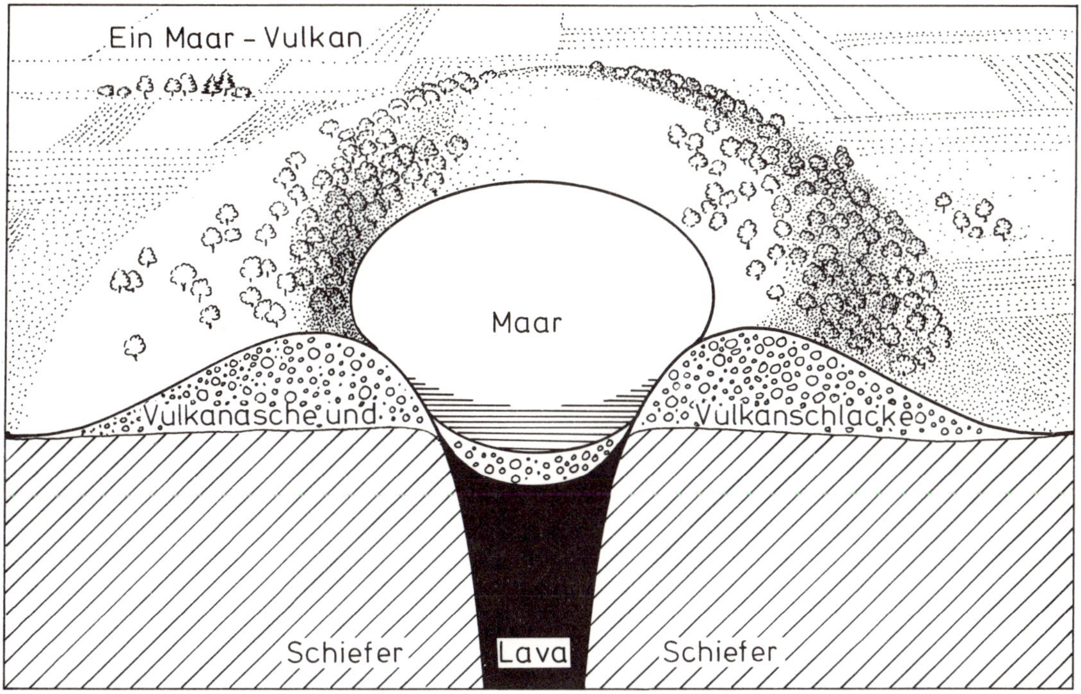

Schnitt durch einen Maarvulkan. Der Untergrund besteht aus Schiefer. In der Mitte ist der Schlot, durch den das Magma aus der Tiefe aufgestiegen ist und in einer Explosion in die Luft geschleudert wurde. Die niederfallende und erkaltende Schlacke und Asche bildeten den Krater, der sich später mit Regenwasser füllte.

Vom Mosenberg aus fahren Susanne und ihre Eltern weiter in Richtung Daun. Ständig treffen sie auf Schilder, die auf einen Vulkan oder ein Maar hinweisen. Wenn aus der welligen Hochfläche ein bewaldeter Bergkegel aufragt, ist es meistens ein Vulkan. Weit über hundert Vulkane oder Ausbruchstellen von Vulkanen gibt es in der Eifel. Sie gehören zu den jüngsten Vulkanen Deutschlands und stammen aus der Neuzeit der Erde. Deshalb sind sie noch so gut erhalten. Einige sind 20 Millionen Jahre alt, andere einige hunderttausend Jahre. Die jüngsten sind erst vor ungefähr zehntausend Jahren ausgebrochen. Zu ihnen gehört auch das Weinfelder Maar. An seinem Ufer liegt ein Friedhof; die Leute aus dem Dorf haben einen schönen Platz für ihre Toten ausgesucht. Im Frühling, wenn der Ginster blüht, leuchten die Hänge in der Sonne goldgelb.

Steine, die du bei einem Maarvulkan finden kannst

Nahe dem Friedhof am Weinfelder Maar wird der Hang des Kraters von Baggern angefressen. In dieser Schlackengrube finden Susanne und ihre Eltern verschiedene Steinsorten. Da ist der leichte Bimsstein, wie du ihn schon auf dem Foto gesehen hast. Dann finden sie schwerere und harte, schwarzgraue und braunrote Schlacken. In fast allen sind kleine Kristalle eingeschlossen. Um diese deutlich zu

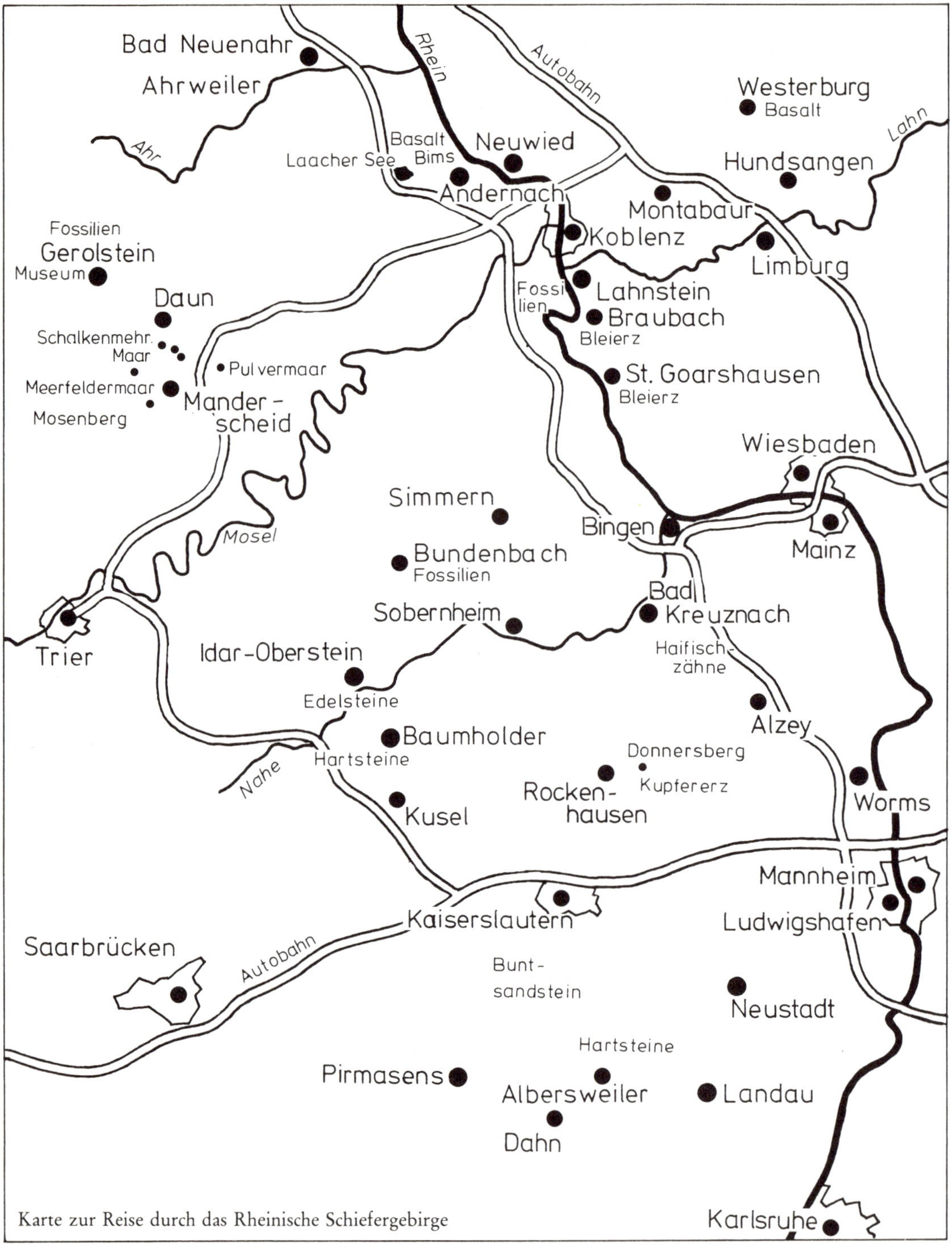

Karte zur Reise durch das Rheinische Schiefergebirge

erkennen, muß man schon die Lupe nehmen; gut eignet sich eine zehnfach vergrößernde Stereolupe.

In einem unscheinbaren Schlackenstückchen findet Susanne mehrere etwa fünf Millimeter große, dunkle Glimmerkristalle. Sie glänzen goldbraun und werden deshalb *Katzengold* genannt. Mehrere kleine schwarze Kristalle lassen sich mit bloßem Auge erkennen. Sie bestehen aus den Mineralien *Hornblende* oder *Augit*. Wenn du Glück hast, findest du auch einen größeren Kristall.

Vor allem aber sammelt Susanne die graubraunen, schweren Steinknollen auf. Das sind die *Bomben*, die der Vulkan ausgeworfen hat. Nach kurzer Zeit hat sie etwa 20 Stück beisammen, und ihr Vater schlägt sie mit dem Hammer auf. Die meisten sind innen schwarz und voller glänzender Kristalle aus Hornblende und Augit. Manchmal sind auch grüne Kristalle aus *Olivin* dabei. Das Foto mit der Vulkanbombe aus Hornblende und Augit auf Seite 47 hast du ja schon betrachtet.

Wenn du solch schwere, dunkle Gesteine findest, kannst du fast sicher sein, daß sie aus großen Tiefen der Erde stammen und durch einen Vulkanausbruch an die Oberfläche befördert worden sind.

Kleines Lexikon

Rheinisches Schiefergebirge: Zu ihm gehören linksrheinisch der Hunsrück, die Eifel, das Hohe Venn und die Ardennen, rechtsrheinisch der Taunus, der Westerwald, das Bergische Land und das Sauerland.

Vulkane: Unsere Erde ist von einer 10 – 35 km dikken Kruste aus festem Gestein umgeben. Die Kruste ist nicht gleichmäßig dick und fest. Es gibt schwache Stellen, an denen feuerflüssiges Gestein, das Magma, bis wenige Kilometer unter die Oberfläche aufdringen kann. An vielen Orten der Erde hat sich das Magma Wege bis nach oben gebahnt und ist durch die Oberfläche durchgebrochen.

Jede Ausbruchstelle von Magma oder auch von Gasen aus der Tiefe ist ein Vulkan. Eigentlich nennen wir aber nur die Berge, die dabei entstanden sind, Vulkane. Eifel und Westerwald waren auch eine solche Schwächezone in der Erdkruste, und seit etwa 20 Millionen Jahren bis noch vor 10 000 Jahren haben sich hier Vulkane gebildet.

Lava: Das aus einem Vulkan ausfließende Magma wird Lava genannt. Durch die Abkühlung erstarrt sie rasch und wird zu festem Gestein, hauptsächlich Basalt.

Basalt ist also ein Gestein, das beim Ausbruch eines Vulkans entstanden ist. Überall, wo Basalt gefunden wird, waren einmal Vulkane. Bei der Abkühlung des Basaltes bilden sich Risse; so entstehen Säulen, wie das Foto auf Seite 34 sie zeigt. Wegen der Säulenform und seiner Härte wird der Basalt gern zu Pflastersteinen verwendet. Basalt besteht in der Hauptsache aus den Mineralien Feldspat und Augit; Quarz fehlt.

Tuffe werden die bei einer Vulkanexplosion ausgeworfenen Gesteine genannt. Dazu gehören sowohl staubfeine Aschen als auch gröbere Körner und sogar die Vulkanbomben, in denen häufig Kristalle von Hornblende, Augit oder Olivin vorkommen.

Bims ist der rasch erstarrte Lavaschaum. Die in ihm enthaltenen Gase haben die kleinen Hohlräume gebildet, so daß er fast wie ein Badeschwamm aussieht. Aus Bims werden Leichtbausteine hergestellt.

Maare: Sie sind die jüngsten Vulkane Deutschlands. Gewaltige Explosionen haben ihre Trichter geschaffen, die sich später mit Wasser füllten; der größte ist der Laacher See. Mit den Ausbrüchen der Maarvulkane ging in Deutschland die Vulkanzeit zu Ende.

Leben im Meer der Devonzeit

Seelilien und Trilobiten

Stell dir vor, du stehst vor 400 Millionen Jahren auf einem hohen Berg in der Nähe des heutigen Stuttgart. Wohin du auch blickst, um dich herum ist Wüste, nackter Fels und Sand. Auf dem festen Land gibt es noch kein Leben. Du befindest dich im Erdaltertum, am Beginn der *Devonzeit*, und stehst auf der süddeutschen Insel des Devonmeeres.
In dieser Zeit spielt sich fast alles Leben im Wasser ab. In dem warmen Meer, das sich durch Westfrankreich über Mitteldeutschland bis nach Polen zieht, wimmelt es von Tieren. Die ersten einfachen Landpflanzen entwickeln sich am Rand des Wassers, und lange Zeit wachsen Pflanzen nur in feuchten Niederungen. Erst am Ende der Devonzeit entstehen ausgedehnte Wälder von Schachtelhalmen, Bärlappbäumen und Farnen.
Im flachen Wasser bauen *Korallen* ihre Riffe. Die meisten Korallentiere leben in baumähnlichen Stöcken zusammen. Sie besitzen Skelette aus Kalk und sondern auch an ihrer Oberfläche Kalk ab. So entstehen im Lauf der Jahrtausende hohe Wände aus Kalkstein, die Korallenriffe.
Auch in Gerolstein in der Eifel ragt, schon von weitem sichtbar, eine helle Riffwand auf. Vielleicht kennst du bereits das größte Korallenriff der Erde, das über 2000 Kilometer lange Barriere-Riff vor der Nordostküste von Australien.
Die Korallenriffe bieten anderen Meerestieren günstige Lebensmöglichkeiten und Verstecke. Schwämme, Seesterne, Haarsterne siedeln sich an, Schnecken kriechen umher, Tintenfische schießen durchs Wasser. Die ersten Fische schwimmen in den Höhlen des Riffs: Panzerfische, Lungenfische, Quastenflosser; sogar die ersten Haifische jagen bereits ihre Beute. Auf dem Boden liegen Einzelkorallen, schaukeln im Wasser und bringen sich damit die Nahrung in ihren Magen.
Seelilien wiegen sich auf meterlangen Stengeln. Ihre Kronen sehen aus wie Blütenkelche, und doch sind es Tiere, ebenso wie die Korallen. Mit ihren Kelcharmen fächeln sie sich Wasser in die Mundöffnung. Darin schwimmen immer Algen und kleinste Tierchen. Sie werden im Verdauungskanal verdaut, die Reste durch den After in der Nähe der Mundöffnung wieder ausgeschieden. Seelilien gehören zum Tierstamm der *Stachelhäuter* wie die Seesterne und Seeigel. Meistens findest du heute von den Seelilien nur die versteinerten Stielglieder, seltener Teile des Kelches.
Im Schlamm des Meeresgrundes wühlen *Dreilappkrebse, Trilobiten*, und suchen sich Nahrung. Sie haben ein ehrwürdiges Alter. Sie leben schon seit Beginn des Erdaltertums und wurden in den 200 Millionen Jahre älteren

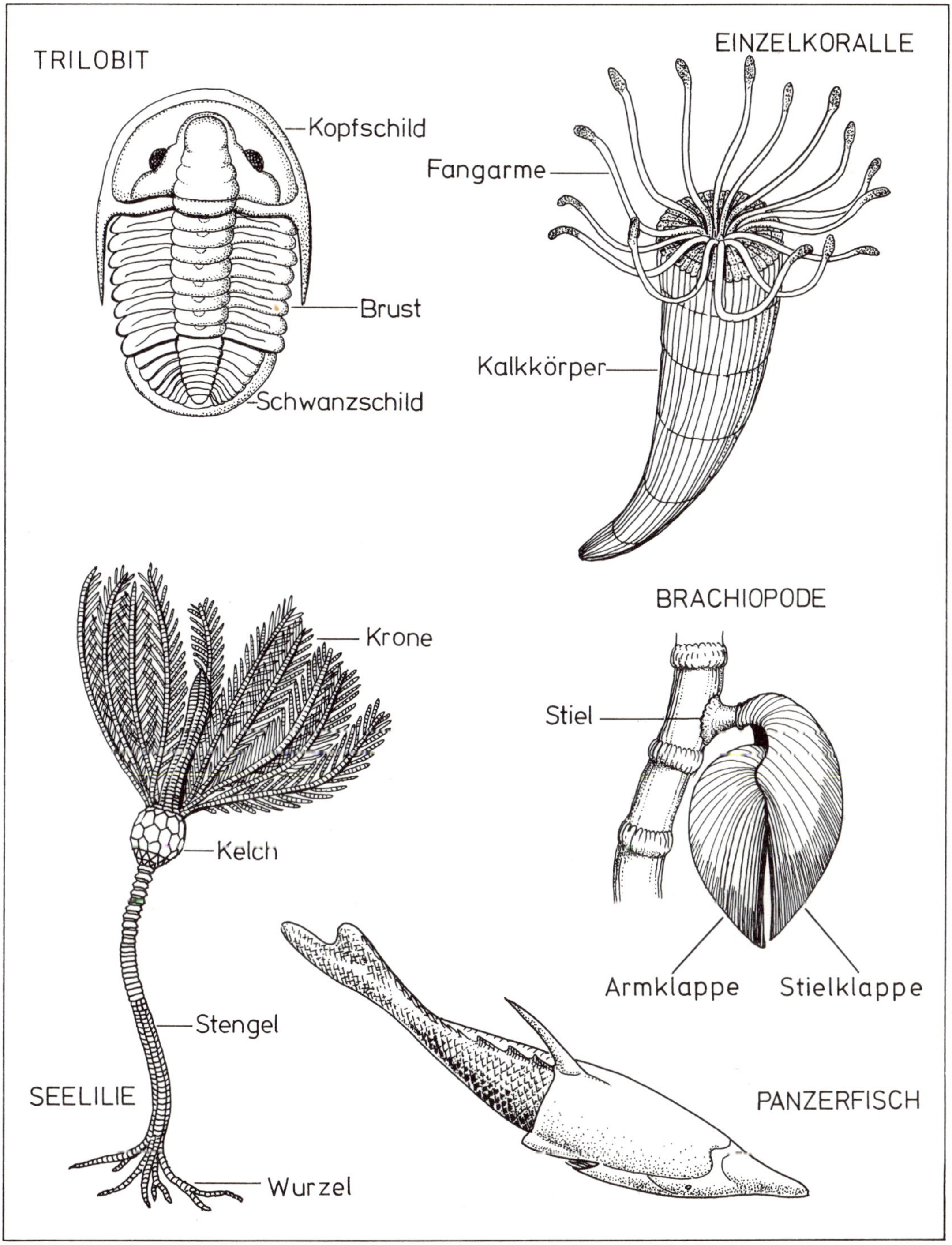

Tiere des Devonmeeres

Gesteinen des Kambriums gefunden. Trilobiten gehören zu den *Gliederfüßern*; ihre Verwandten sind z. B. Krebse und Tausendfüßer. Ihr Körper ist gegliedert in Kopf, Brust und Schwanzschild. Gegen Ende des Erdaltertums sind sie ausgestorben.

Die *Armfüßer*, *Brachiopoden*, heften sich mit ihrem Stiel an Steine, Korallen und an die Stengel von Seelilien. Sie sehen aus wie Muscheln, sind aber etwas anders gebaut. Sie haben zwei Klappen, eine Bauch- oder Stielklappe und eine Rücken- oder Armklappe. Mit dem Stiel heften sie sich an eine Unterlage an, mit den Muskeln im Innern der Klappen können sie diese öffnen und schließen. Die Arme benutzen sie zum Herbeistrudeln der Nahrung, aber auch zum Atmen, weshalb sie auch *Armkiemer* genannt werden. Wörtlich übersetzt heißt das Wort Brachiopode »Arm-Füßer«. 7000 Arten von Brachiopoden sind auf der Welt bekannt geworden. Die meisten sind ausgestorben. Heute leben noch 260 Arten im Sand tropischer Meere.

An vielen Stellen im Rheinischen Schiefergebirge kannst du auf Reste von Tieren aus dem Devonmeer stoßen. Es lohnt sich, auf Spaziergängen in Weinbergen, an Straßenböschungen, in Steinbrüchen immer wieder einige Steine aufzuheben. Manchmal findest du ein Stielglied einer Seelilie oder einen Armfüßer abgedrückt.

Einmal haben wir aus der Gegend von Koblenz ein handgroßes Schieferstück mitgenommen und zu Hause mit dem Meißel gespalten. Die Armfüßer im Innern glänzten golden, sie waren pyritisiert.

Die Orte Gerolstein in der Eifel und Bundenbach im Hunsrück sind berühmt wegen der besonders schönen und gut erhaltenen Fossilien, die dort geborgen werden konnten. In Kreuznach und Gerolstein kannst du die Funde im Museum betrachten.

Funde aus dem Meer der Devonzeit
Oben (v. links n. rechts): Einzelkoralle; Stielglied einer Seelilie; Brachiopode (Fundort: Gerolstein). Unten: Abdruck eines Seelilienstengels (links) und ein Trilobit ohne Kopf (Fundort: Braubach)

Was sind eigentlich Fossilien?

Fossilien sind Reste und Spuren vergangenen Lebens, meistens in Form von Versteinerungen, aber nicht immer. In Sibirien hat man vollständig erhaltene Mammuts im gefrorenen Boden gefunden; sie sind Fossilien. Bernstein, das Harz alter Nadelbäume, ist ein Fossil. Zähne von Haifischen, in Millionen Jahre altem Sand gefunden, sind Fossilien.

Wie entstehen Fossilien?

Bist du schon einmal am Meer gewesen, zum Beispiel an der Nord- oder Ostsee? Dann hast du bestimmt auch nach Muscheln gesucht. Vielleicht hast du auch die Muschelschalen aus dem Sand ausgegraben. Hier beginnt bereits der Vorgang der Versteinerung. Die Muschel stirbt, ihre Schale wird vom Sand oder Schlamm zugedeckt. Immer mehr Sand oder Schlamm wird darübergespült. Die Schicht wird dicker, verhärtet langsam. Nach Hunderten und Tausenden von Jahren ist sie zu

Stein geworden. Dabei kann die Schale unserer Muschel ganz erhalten bleiben und im Stein unverändert wiedergefunden werden.
Es gibt auch noch andere Arten der Versteinerung. Kieselsäure- oder Kalklösungen können die Schale der Muschel durchdringen und so verfestigen, daß sie versteinert. Manchmal löst sich die Schale auf, und im Gestein bleibt ein Hohlraum zurück, der durch Mineralien ausgefüllt wird, so daß die Form der Muschel erhalten bleibt.
Im Kapitel von den Goldschnecken haben wir eine weitere Art beschrieben: Die Schale des Tieres wird durch das im Boden zirkulierende Wasser aufgelöst und durch andere Stoffe ersetzt, etwa durch Kieselsäure oder Pyrit. So entstehen oft sehr schöne Versteinerungen wie die pyritisierten Ammoniten auf Seite 33. Teile von Pflanzen können sich in Kohle umwandeln oder von einem feinen Kohlefilm überzogen werden wie die Farnblätter auf Seite 38.
Der jeweilige Vorgang der verschiedenen Arten der Versteinerung, wie bei der Muschel beschrieben, spielt sich genauso bei anderen abgestorbenen Tieren und Pflanzen ab. Oft bleiben nur Teile der abgestorbenen Lebewesen erhalten, weil sie schon vor der Einbettung in Sand oder Schlamm zerbrechen oder zerstört werden, oder weil die aufgelösten Teile nicht vollständig durch andere Mineralien ersetzt werden. In ganz seltenen Fällen bleiben Weichteile von Tieren erhalten, so daß die Erforscher des Lebens, die *Paläontologen*, die Tiere ziemlich genau rekonstruieren können.
Anhand der Fossilien können wir uns ein Bild machen, wie das Leben in früheren Zeiten auf der Erde ausgesehen hat. Die meisten Versteinerungen haben sich in Meeren, Seen oder Sümpfen gebildet, weil die abgestorbenen Lebewesen rasch von Sand oder Schlamm bedeckt und damit geschützt wurden. Deshalb finden wir Versteinerungen vor allem in Meeresablagerungen.

Steine wachsen: Tropfsteinhöhlen im Sauerland

Am Rand der Stadt Attendorn im Sauerland finden wir eine der größten Tropfsteinhöhlen der Bundesrepublik, die Attahöhle. Im Jahre 1907 wurde sie bei Steinbrucharbeiten entdeckt.
Ein Rundweg von 1800 Metern Länge führt durch die Höhle. Susanne kommt aus dem Staunen nicht heraus. Da scheinen Dutzende von Eiszapfen von der Decke herabzuhängen. Ebenso viele weiße Säulen ragen aus dem Boden nach oben. In einer weiten Halle sind die Säulen umgestürzt. Susanne läßt ihrer Phantasie freien Lauf und entdeckt seltsame Gebilde im Tropfstein. Eine Palme wächst vor einem Vorhang von weißen und rötlichgelben Gardinen. An einer Wand richtet sich ein Eisbär mit seinen Tatzen und seiner spitzen Schnauze auf. Gleich daneben reicht eine Säule vom Boden bis zur Decke. In einem anderen Saal stehen lange, schlanke Säulen von kaum zehn Zentimetern Durchmesser neben Zukkerbergen und Orgelpfeifen.
In Gebieten, in denen es Berge aus Kalkstein gibt, gibt es auch Höhlen, so im Schwäbischen und Fränkischen Jura, in den Alpen, im Harz und im Sauerland. In die Risse und Klüfte im Kalkgestein dringt Sickerwasser ein, das mit Kohlensäure versetzt ist. Die Kohlensäure löst ein wenig vom Kalkstein auf, die Risse vergrößern sich. Manchmal dringen sogar Bäche in die Spalten ein und waschen sie zu weitläufigen Höhlen aus.
Überall in der Attahöhle ist es feucht. An den

Wänden rinnt Wasser herab, auf dem Boden stehen kleine Pfützen, von der Decke tropft es. Susannes Vater bleibt stehen und sagt: »Schau mal auf diese kleine Säule!« In diesem Moment fällt ein Wassertropfen darauf, nach einer Weile wieder einer. »Und?« fragt Susanne, »da ist doch nichts.« – »Doch, da ist etwas. Gerade hast du zugeschaut, wie ein Stein wächst. Schau nur noch mal hin; der Tropfen fällt stets auf die gleiche Stelle. Und nun guck nach oben!«

An der Decke hängt ebenfalls eine kleine Säule; an ihrer Spitze hat sich gerade ein Wassertropfen gebildet. Er fällt herab – genau auf die Säule am Boden. Jetzt wird die Sache spannend. Der Tropfen vom Stein an der Decke fällt auf den Stein am Boden, immer wieder, tagein, tagaus, jahrelang.

»In jedem Tropfen ist ein wenig Kalkstein gelöst«, erklärt Susannes Vater. »Ein winziger Teil davon setzt sich an der Decke ab, ein anderer winziger Teil auf dem Boden.«

»Ah, und das gibt Tropfsteine.« Susanne hat verstanden. »Das muß aber lange dauern.«

»Sehr lange. Man hat geschätzt, daß in dieser Höhle eine Säule etwa alle zehn Jahre um einen Millimeter wächst. Aber die Erde hat ja Zeit.«

Eine kleine Säule von zehn Zentimetern Höhe ist also ungefähr tausend Jahre alt. Schon solange fallen die Tropfen ununterbrochen von der gleichen Stelle der Decke auf die gleiche Stelle am Boden. Jeder Tropfen läßt eine winzige Spur Kalk zurück, so daß die Säule ständig wächst.

Im Weitergehen fragt Susanne: »Wie alt ist die Höhle eigentlich?« – »Ihr Alter wird auf einige Millionen Jahre geschätzt. Sie ist im Tertiär entstanden. Aber das Gestein stammt schon aus dem Devonmeer. Es ist so alt wie die Kalkfelsen von Gerolstein in der Eifel, also über 350 Millionen Jahre.«

Brachiopoden am Straßenrand

Nach dem Besuch der Attahöhle fahren Susanne und ihre Eltern über Attendorn, am Bigge-See entlang in Richtung Meinerzhagen. Das Sauerland gehört zum Rheinischen Schiefergebirge. Also müßten auch hier Fossilien aus dem Devonmeer zu finden sein: Trilobiten, Korallen und Brachiopoden.

An einer Böschung suchen sie nach Stellen, wo der Schiefer freiliegt. Eine halbe Stunde lang klopfen sie Schieferstücke aus dem Hang und finden schließlich einen einzigen versteinerten Brachiopoden und einen Abdruck. Susanne ist enttäuscht. Am Nachmittag werden sie von Bekannten in Lüdenscheid erwartet. Sie spazieren ins Tal hinunter auf das Dorf Brügge zu. Susannes Vater hat in seinem »Geologischen Führer« gelesen, daß bei Brügge Fossilien im Schiefer liegen, und nimmt vorsichtshalber einen Hammer und eine Tragetasche mit. Plötzlich bückt er sich und hebt vom Wegrand einen Stein auf. »Da scheint etwas drin zu sein«, sagt er und spaltet den Stein mit dem Hammer. Kleine Schalen von Armfüßern – das ist ja das deutsche Wort für Brachiopoden – kommen zum Vorschein.

Der Bekannte ist erstaunt und fragt: »Woran sehen Sie denn, daß da etwas drin ist?« Susannes Vater hebt noch ein paar Steine auf. »Sehen Sie, hier ist der Stein fest und massig. Auf diesem Streifen ist die Färbung etwas bräunlicher, es sind kleine Risse und Löcher drin. Das sind Hinweise auf Einlagerungen. An solchen Stellen läßt sich auch der Stein leicht spalten, da durch die Fossilien die Tonschichten nicht so fest verbacken sind.«

Das Foto zeigt eine Kolonie von Armfüßern. Dies ist die Hälfte eines großen Schieferbrokkens, der uns nur durch einen Streifen mit Rissen auffiel. Wenige Hammerschläge spalteten den Brocken in zwei Teile.
Auf einem Waldpfad gehen sie nun schräg den Hang hinunter. Überall im Abhang finden sie fossilhaltige Steine. Als sie unten angelangt sind, ist die Tasche voll und schwer. Nach ihrer Rückkehr breiten sie im Garten ihre Funde aus, waschen sie und betrachten sie gründlicher. Am besten gefallen Susanne die tief gerippten Schalen der Brachiopoden. Auf einem anderen Stein sind die Schalen sehr fein gerippt, aber so deutlich, als seien sie erst gestern in den Schlamm eingebettet worden und nicht schon vor 350 Millionen Jahren.
Schwer fällt es, sich von Funden wieder zu trennen, aber sie können nicht alle mitnehmen. Susanne sucht sich ein paar Stücke für ihre Sammlung aus. So ist nach der anfänglichen Enttäuschung der Tag doch noch gut zu Ende gegangen.

Eine ganze Kolonie von Armfüßern (Brachiopoden) im Schiefer. Länge des Stücks 24 cm (Fundort: Lahnstein)

Die Geschichte eines Gebirges

Wenn man heute durch die Eifel oder den Westerwald fährt, bewegt man sich durch flaches Hügelland, aus dem nur einige Vulkane oder Basaltkuppen herausragen. Das war nicht immer so. Diese wellige Hochfläche ist nur der Rest oder *Rumpf* – wie die Geologen sagen – eines sehr alten Gebirges, das durch Verwitterung abgetragen wurde. Sie gehört zum *variskischen Gebirge*, das sich von Frankreich über Süd- und Mitteldeutschland, den Harz und die Sudeten bis nach Polen erstreckt. Die Entstehungsgeschichte des variskischen Gebirges können wir in vier Abschnitte einteilen:
1. Vor 400 bis 350 Millionen Jahren waren große Teile West-, Mittel- und Südeuropas vom Meer bedeckt. Die Geologen haben diesen Zeitabschnitt nach der englischen Landschaft Devonshire, *Devon* genannt; denn dort wurden Gesteine dieser Zeit zum erstenmal untersucht.
In Nordeuropa war damals ein hohes Gebirge, und eine große Insel erstreckte sich von Südwestfrankreich über den Schwarzwald bis nach Böhmen. Die Gesteine der Festländer verwitterten, wurden abgetragen und ihr Verwitterungsschutt im mitteleuropäischen Meer abgelagert.
Durch den Druck der sich übereinanderlagernden Schichten sank der Meeresboden langsam tiefer, und im Lauf der Millionen Jahre bildeten sich kilometerdicke Schichten aus Grauwacke, Schiefer und Kalk.
Grauwacke ist ein grober, harter Sandstein, *Schiefer* ist unter dem Druck zu Stein gewordener Tonschlamm, *Kalkstein* ist aus den Schalen und Gerüsten der Meerestiere entstanden.

2. Durch Druck aus der Tiefe und von der Seite her hob sich der Meeresboden langsam. Gegen Ende des auf das Devon folgenden Zeitabschnitts, im *Karbon*, das heißt *Kohlezeit*, vor etwa 300 Millionen Jahren, bildete sich ein Gebirge. Dabei wurden die im Meer ursprünglich flach abgelagerten Gesteinsschichten gefaltet oder zerbrochen. Im Rheinischen Schiefergebirge kannst du heute noch in Steinbrüchen, an Berghängen oder Straßenböschungen in den Felsen die Falten und Bruchlinien erkennen.

3. Das Gebirge war kaum aus dem Meer aufgetaucht, als auch schon die Kräfte der Verwitterung an ihm zu nagen begannen. Hitze, Kälte und Regen zerbröckelten das Gestein und trugen den Schutt in die Täler und Senken und das immer kleiner und flacher werdende Meer. Das Gebirge wurde abgetragen und war zu Beginn der *Erdneuzeit*, dem *Tertiär*, also vor 70 Millionen Jahren, eine Tiefebene.

4. Zu dieser Zeit begann aus dem südlichen Meer das Hochgebirge der Alpen emporzuwachsen. (Über die Entstehung der Alpen kannst du im letzten Kapitel mehr erfahren.) Und auch die Ebene des früheren Gebirges wurde dabei erneut emporgehoben. Die sich hebende Platte erhielt viele Brüche und Risse, in die aus der Erdtiefe das Magma eindrang und die Vulkane bildete.

Das geschah nicht nur in der Eifel. In einem weiten Bogen rings um die Alpen brachen ebenfalls Vulkane auf. Wenn du auf einer geografischen Karte von Mitteleuropa die Zirkelspitze am Südrand des Gardasees einsteckst und einen Kreis mit einem Halbmesser von ungefähr 600 Kilometern schlägst, berührst du in Frankreich die Auvergne, in Deutschland die Eifel, den Westerwald, den Vogelsberg, die Rhön und in der Tschechoslowakei den Böhmerwald. In all diesen Gebirgen triffst du auf Vulkane, die in der Tertiärzeit entstanden sind.

So haben wir in der Erdgeschichte der Eifel und des Westerwaldes, die ein Teil des variskischen Gebirges sind, folgende Entwicklung:

1. Meer mit den Ablagerungsgesteinen *Grauwacke*, *Schiefer*, *Kalkstein* und eingeschlossenen Versteinerungen
2. Auffaltung der Ablagerungsgesteine zu einem Gebirge
3. Abtragung des Gebirges bis zur Tiefebene
4. Wieder emporgehobene und zerbrochene Ebene mit Vulkanen, den Vulkangesteinen *Basalt* und *Bimsstein*

Wenn du also im Westerwald und in der Eifel Grauwacke, Schiefer, Kalkstein und Versteinerungen findest, dann sind das Gesteine aus der Devonzeit, die 350 bis 400 Millionen Jahre alt sind. Nur an einigen Stellen gibt es auch jüngeren Kalkstein und Sandstein. Basalt und Bimsstein dagegen sind junge Gesteine; der Basalt ist etwa 20 Millionen Jahre alt, der Bimsstein erst zehntausend bis hunderttausend Jahre.

Die gleiche Abfolge in der Entstehungsgeschichte der Gebirge trifft auch für den Hunsrück und den Taunus zu. Allerdings haben sich dort keine Vulkane gebildet.

Kleines Lexikon

Devon: Die Devonzeit ist der dritte Abschnitt des Paläozoikums (400–350 Millionen Jahre). Große Teile Deutschlands waren vom Meer überflutet, in dem Korallen, Seesterne, Seelilien, Trilobiten, Brachiopoden, Panzerfische und Lungenfische lebten. Viele der Tiere blieben gut erhalten und können als Fossilien gefunden werden.

Korallen: Die roten und rosa Korallenketten in den Schaufenstern der Schmuckgeschäfte sind nicht aus

Stein; sie sind aus den Kalkgerüsten von Tieren, die im Meer, wenige auch im Süßwasser, leben. Ihr Körper ist sehr einfach gebaut; in der Hauptsache besteht er aus dem Magenraum, einem hohlen Schlauch. Danach heißt der ganze Tierstamm, zu dem auch die Quallen und die Seerosen gehören, Hohltiere. Am unteren Ende wird der Magenraum durch einen Fuß abgeschlossen, mit dem sich die Tiere auf einer Unterlage festheften. Am oberen Ende ist der Mund, der von Fangarmen umgeben ist. Korallen bedecken oft in Massen den Boden warmer, flacher Meere und bilden hier die Korallenriffe. Aus früheren Erdzeitaltern finden wir in Deutschland Korallenriffe sowohl im süddeutschen Juragebirge als auch im Rheinischen Schiefergebirge.

Seelilien: Sie sind mit Seesternen und Seeigeln verwandt und gehören zum Tierstamm der Stachelhäuter. Sie sind pflanzenähnlich gebaut, besitzen meistens einen Stiel, einen Kelch und federförmige Arme. In den Meeren der früheren Erdzeitalter waren sie weit verbreitet.

Trilobiten: Sie gehören zum größten Tierstamm, den es überhaupt auf der Erde gibt, den Gliederfüßern. Insekten, Spinnen, Krebse zählen auch dazu. Trilobit bedeutet Dreilappkrebs. Der Name sagt, daß ihr Körper dreigeteilt ist, in Kopf, Brust, Schwanz. Auch in der Längsrichtung ist der Körper noch einmal durch zwei Furchen dreigeteilt. Trilobiten gab es schon seit dem Kambrium, also seit 600 Millionen Jahren. Gegen Ende des Erdaltertums sind sie ausgestorben.

Brachiopoden: Wie die Trilobiten lebten die meisten Brachiopoden, auch Armfüßer oder Armkiemer genannt, in den Meeren des Erdaltertums. Sie sehen den Muscheln ähnlich, sind aber nicht mit ihnen verwandt, sondern gehören mit den Moostierchen zu einem kleinen Tierstamm. Bei den Muscheln sind die beiden Klappen gewöhnlich gleich groß, eine Ausnahme bildet die Auster. Bei den Armfüßern sind sie ungleich. Die größere ist meistens die Stielklappe. Sie hat an der Spitze, dem Wirbel, ein kleines Loch, durch das der Stiel heraustritt. Mit ihm hält sich das Tier an der Unterlage fest.

Tropfsteinhöhlen: Sie entstehen vor allem im Kalkgestein, in Deutschland also im Schwäbischen und Fränkischen Jura, in den Kalkablagerungen im Rheinischen Schiefergebirge und im Harz, in den Alpen. Das an den Wänden herabrinnende und von den Decken herabtropfende Wasser scheidet ständig winzige Mengen Kalk aus, so daß im Lauf von Jahrhunderten und Jahrtausenden große Säulen wachsen können. In der Steinzeit dienten viele Höhlen den Menschen als Wohnungen.

Variskisches Gebirge: Es ist ein altes Gebirge, aus den Ablagerungen des Devonmeeres im Karbon entstanden (vor 350–280 Millionen Jahren). Es erstreckt sich von Frankreich über Süd- und Mitteldeutschland, den Harz und die Sudeten bis nach Polen; das Rheinische Schiefergebirge ist also ein Teil davon. Es besteht vor allem aus den Gesteinen Grauwacke und Schiefer und in einigen Teilen aus Kalkstein.

Erzgänge im Schiefergebirge

Die drei Schornsteine

Den Autofahrern und Schiffsreisenden auf dem Rhein bietet sich etwa zehn Kilometer südlich von Koblenz ein merkwürdiges Bild. Bei dem Städtchen Braubach tauchen hinter einer alten Burg, der Marksburg, drei große Schornsteine auf. Wenn die Reisenden dann fragen: »Was sollen die Schornsteine dort auf dem Berg, wo doch nirgendwo eine Fabrik zu sehen ist?« dann kann es vorkommen, daß ein Einheimischer antwortet: »Das ist unsere Weinbergsheizung. Die unterirdischen Kamine wärmen den Boden auf, damit der Wein besser gedeiht.«

Die richtige Antwort ist jedoch: Unten im Tal liegt eine Fabrik, eine Blei- und Silberhütte. Darin wird Bleierz geschmolzen, um Blei zu gewinnen. Die Abgase der Hütte sind giftig und werden deshalb durch Kamine auf den Berg geleitet.

Seit dem Mittelalter werden in den Bergen Blei- und Zinkerze abgebaut; auch etwas Kupfer und Silber ist in den Erzen enthalten. Nach dem Zweiten Weltkrieg wurden die Stollen vorübergehend wieder geöffnet und der Erzabbau erneut aufgenommen. Heute verarbeitet die Blei- und Silberhütte nur noch Erze aus dem Ausland.

Das *taube* Gestein, das kein oder nur wenig Erz enthält, wurde in der Nähe der Stollen weggekippt. Auch bei der Aufbereitungsanlage, wo das Erz gewaschen und sortiert wird, wurden die unbrauchbaren Stücke zu großen Halden aufgeschüttet. Wo du an Weinbergen, am Waldrand oder sogar mitten im Wald und an Straßen auf Steinhalden stößt, deuten diese meistens auf Erzabbau hin. Bis vor einigen Jahren waren auf solchen Halden recht schöne Steine mit Erzen oder Kristallen zu finden. Heute mußt du schon fleißig suchen, um schöne Funde zu machen, die Blei- und Zinkerz enthalten. Auf jeden Fall wirst du Stücke finden, in denen der weiße Quarz den dunklen, manchmal schwarzblauen Schiefer durchdringt wie auf dem Foto unten.

Ein sehr schöner Stein ist der auf Seite 33 (Mitte links) abgebildete: Adern aus weißem Quarz und dunklem *Bleierz* durchdringen

Ein heller Quarzgang durchdringt das dunkle Schiefergestein, in dem oben etwas Zinkerz eingeschlossen ist. (Fundort: Wellmich, St. Goarshausen)

sich. Das Bleierz ist außerdem mit buntem *Kupfererz* vermischt.
Das Farbfoto auf Seite 33 (Mitte rechts) zeigt ein Stück *Buntkupfererz*; du siehst ja selbst, welch schöne Farben dieses Erz hat. Auch kleine gelbe Kristalle von Kupferkies sind manchmal noch zu finden.
Ein weiteres Kupfererz, Malachit, ist auf Seite 35 in Farbe abgebildet. Das strahlenförmige Kristall auf Porphyr wurde in dem Kupferbergwerk im Donnersberg (rechts) gefunden.
Erze lagern im ganzen Schiefergebirge. Auf einer Wirtschaftskarte im Atlas findest du die verschiedenen Erzvorkommen eingezeichnet. *Blei* und *Zinkerze* lagern in der Nähe von Aachen und Köln, in der Nordeifel, an der Mosel in der Umgebung von Bernkastel-Kues, an der Lahn bei Bad Ems, am Rhein bei Braubach, St. Goar und St. Goarshausen.
Eisenerze lagern im Siegerland, an der Lahn bei Weilburg und Wetzlar, im Hunsrück in der Nähe von Bingen. Hier gibt es auch *Manganerz.*

Wie sind die Erzlagerstätten entstanden?

Geologen sind der Ansicht, daß unter dem Schiefergebirge ein anderer Gebirgskörper aus uraltem Gestein ruht. Du kannst das mit den Stockwerken eines Hauses vergleichen: Das Rheinische Schiefergebirge ist sozusagen das Erdgeschoß, darunter liegt im Keller ein viel älteres Gestein, das in der Tiefe erstarrt ist. Die Geologen nennen einen solchen Gesteinskörper nach dem griechischen Gott Pluto, der in der Tiefe der Erde wohnt, einen *Pluton.*

Erzgänge. Die Eingänge zu den Stollen eines früheren Kupferbergwerkes im Donnersberg (vgl. Karte auf Seite 50)

Dieser Pluton enthält Erze. Nun gibt es auch tief in der Erde immer Wasser, das die Mineralien und Erze auflöst. So entstehen erzhaltige Lösungen, die in das obere Stockwerk, in den Schiefer, emporsteigen. Am leichtesten geht das da, wo der Schiefer Brüche und Spalten aufweist. Die Lösungen verdunsten in den Spalten, dabei setzen sich die Mineralien und Erze ab, und wir finden Quarz- und Erzgänge im Gestein.
Blei- und Zinkerze sind oft miteinander vermischt; auch ganz wenig Silber ist in der Mischung enthalten, ebenso kommt Kupfer vor. Früher wurde sogar Gold im Schiefergebirge gefunden, vor allem im Hunsrück, in der Nähe von Traben-Trarbach.

Wenn du das Etikett einer Sprudelflasche liest, stellst du fest, daß das Wasser Mineralien enthält; deshalb heißt es ja auch Mineralwasser. In den tieferen Schichten der Erde hat das Wasser die Mineralien gelöst, und wir trinken sie mit dem Wasser. Unser Körper braucht Mineralien. Im Schiefergebirge gibt es viele Mineralquellen. Wenn du auf einem Spaziergang auf einen Mineralbrunnen stößt, trinke ruhig daraus. Das Wasser schmeckt gut.

Im Harz werden Erze abgebaut

In Clausthal-Zellerfeld besuchen wir ein altes Erzbergwerk. Der Führer erzählt uns, daß er als Junge noch hier gearbeitet hat. Heute ist das Bergwerk ein Museum, in dem wir sehen können, wie die Bergleute früher das Erz gegraben haben.

Bereits das Hineinfahren ist ein Erlebnis. Zwei nebeneinander angebrachte Gestänge mit breiten Trittbrettern führen in die Tiefe. Wir treten auf eins der Bretter und fahren damit ein Stück abwärts. Zur gleichen Zeit bewegt sich das Gestänge nebenan aufwärts. Beim Halt wechseln wir auf dieses über und werden wieder einige Meter tiefer gebracht, während unser erstes Gestänge wieder in die Höhe fährt. Dann treten wir wieder um, und so geht das weiter, bis wir auf die Sohle des Stollens gelangen.

Unser Führer erzählt uns, daß die Bergleute früher über Leitern in den Schacht hinunter- und nach der Arbeit wieder heraufklettern mußten. Der tiefste Schacht war 800 Meter tief. Zwei und eine halbe Stunde brauchten die Bergleute, um hinunterzugelangen, eine und eine halbe Stunde zum Heraufklettern. Vier Stunden also dauerte ihr Arbeitsweg im Bergwerk, zehn Stunden wurde gearbeitet.

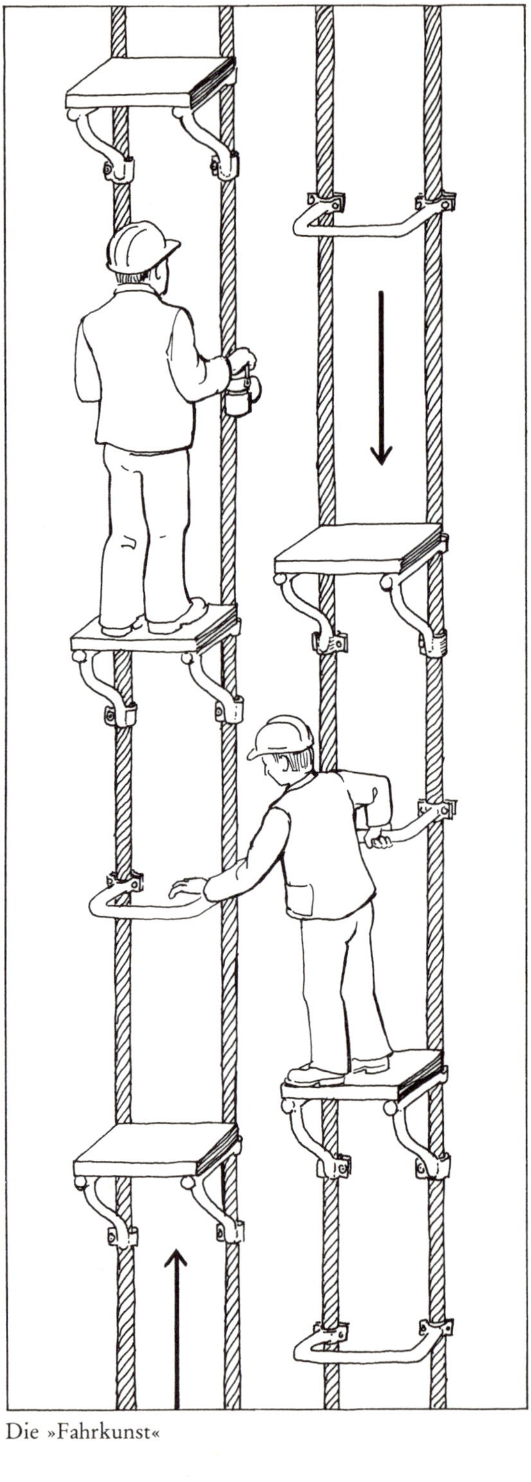

Die »Fahrkunst«

Um 1830 erfand ein Harzer Bergmann die *Fahrkunst*. Diese Maschine verkürzte die Zeit für die Ein- und Ausfahrt auf eine dreiviertel Stunde. Der Gedanke war so einfach wie großartig. Ein Wasserrad trieb die beiden Gestänge, die sich im gleichen Takt gegeneinander bewegten. Die Bergleute brauchten nur hinüber- und herüberzuwechseln und konnten auf- oder abfahren.

Den Stollen entlang werden wir *vor Ort* geführt. Das ist die Stelle, wo das Erzgestein mit Hammer und Pickel losgeschlagen wurde. Wenn du selber schon einmal versucht hast, mit dem Hammer einen Stein aus einer Felswand herauszuklopfen, kannst du dir vorstellen, wie schwer die Arbeit der Hauer war, die täglich das Erz lösten.

Da *Bleierz* immer auch ein wenig *Silber* enthält, wurde es vor allem für die Silbergewinnung gebraucht. Blei ist weich, läßt sich daher gut verarbeiten, und es rostet nicht. Aus Blei wurden Wasserleitungsrohre und dünne Bleche gearbeitet, aber auch schwere Geschoßkugeln. Heute wird Blei zur Herstellung von Unterseekabeln, Akkumulatoren und chemischen Apparaten verwendet.

Zink läßt sich ebenfalls leicht bearbeiten und rostet nicht. Es wird zur Verzinkung von Eisenblech und Eisendrähten, zur Herstellung von Eimern, Badewannen, Dachrinnen gebraucht. Sieh mal deine Taschenlampenbatterie an. Die Batteriebecher sind aus Zink. Vielleicht ist auch euer Kühlschrank mit Zink ausgekleidet.

Unser Führer zeigt uns einige schwere Brokken des Bleierzes. Wir fragen, wie denn das Erz zutage gebracht wurde. Auch dabei machten sich die Bergleute das Wasser zunutze. Sie stauten Bäche zu künstlichen Teichen und leiteten das Wasser durch Gräben in den Berg. Sie gruben unterirdische Wasserstollen und führten das Wasser über Wasserfälle, unter die sie Schaufelräder bauten. Die Wasserräder drehten andere Räder, die mit Seilen das Erz ans Tageslicht brachten.

So wie die Bergleute das Wasser in den Berg hineinbrachten, mußten sie es auch wieder hinausschaffen. Abermals bauten sie unterirdische Kanäle. Um das Jahr 1800 waren die Stollen für die Wasserführung bei Clausthal hundert Kilometer lang; sie waren die ausgedehntesten unterirdischen Bauwerke der Welt.

Die Erzgänge im Harz sind auf die gleiche Weise entstanden wie die im Rheinischen Schiefergebirge. Auch der Harz gehört zu dem alten variskischen Gebirgszug, der in der Karbonzeit zu einem Gebirge aufgefaltet wurde. Nach der Auffaltung drang aus der Tiefe eine glutflüssige Gesteinsschmelze empor, blieb aber etwa zwei Kilometer unter der Oberfläche stecken und kühlte langsam ab. Dabei hatte der Pluton, der glutflüssige Gesteinskörper, viel Zeit, um Kristalle auszubilden. Es entstand Granit. Die Verwitterung hat später die über dem Granit liegenden Schichten abgetragen, so daß dieser heute im Brokkengebiet, bei St. Andreasberg, bei Braunlage und bei Bad Harzburg zutage liegt. Du findest hier ähnliche Steinformen wie im Odenwald.

Die Glutschmelze brachte gleichzeitig metallhaltige Lösungen nach oben. Diese drangen in die nach der Auffaltung entstandenen, kilometerlangen und meterweit klaffenden Spalten des Gebirges ein und schufen die Harzer Erzgänge. Schon seit tausend Jahren werden die reichen Erze abgebaut, und bis heute werden im Erzbergwerk »Grund« Blei- und Zinkerze gewonnen.

Kleines Lexikon

Erz: Das Wort bedeutet soviel wie »rohes Metall«. Die ersten Werkzeuge, die die Menschen verwandten, waren aus Stein, Holz und Knochen. Man weiß nicht genau, zu welcher Zeit die Menschen begannen, Metalle zu benutzen. Wahrscheinlich sind im Sand gefundene Goldkörner das erste Metall gewesen, das verarbeitet wurde. Denn Gold ist weich und läßt sich leicht bearbeiten. Kupfer, Bronze und Eisen treten später als Werkstoffe an die Stelle des Steins. Damit geht die Steinzeit langsam zu Ende, und es beginnt die Metallzeit. Aber die Metalle haben dem Stein gegenüber einen Nachteil. Sie liegen nicht offen herum, sondern haben sich als Erze im Stein gewissermaßen verborgen. Die Erze müssen gegraben und geschmolzen werden. Dann erst kommt das Metall heraus.

Kupfer: Ungefähr um 6000 v. Chr. wurde in Vorderasien zum erstenmal Kupfer in einem Ofen geschmolzen. In Ägypten gab es schon um 3000 v. Chr. Haushaltsgegenstände und Schmuck aus Kupfer. Kupfererz wurde vor allem auf der Insel Zypern gefunden. Die Insel gab auch dem Kupfer seinen Namen. Er bedeutet »Erz aus Kypros«.

Bronze: Sie ist eine Mischung aus Kupfer und Zinn. Kupfer allein ist ziemlich weich, und die Metallhersteller suchten nach härteren Stoffen. Sie vermischten Kupfer mit Zinn. Diese Mischung oder Legierung ergab härtere Werkzeuge und Waffen. Die Zeit, in der die Menschen vorwiegend mit Werkzeugen aus Bronze arbeiteten, wird Bronzezeit genannt. Sie begann in Europa um 1900 v. Chr. und dauerte bis 900 v. Chr.

Eisen war bereits zu Beginn der Bronzezeit in Mesopotamien bekannt. Es war fünfmal teurer als Silber und doppelt so teuer wie Gold. Äxte und Schwerter aus Eisen waren wiederum haltbarer als die bronzenen und darum sehr begehrt. Das Wort bedeutet auch »hart, fest, zäh«. In Europa begann die Eisenzeit um 900 v. Chr. Die Eisenerzlager im Siegerland waren schon früh bekannt.

Kreuzworträtsel

Die gesuchten Wörter von oben nach unten:

1. Art des Bergkristalls, der als Schmuckstein verwendet wird
2. Gestein, aus dem im Erdaltertum (Paläozoikum) ein Gebirgszug gebildet wurde
3. Wichtiger Brennstoff, der im Erdaltertum entstanden ist
4. Hartes Gestein, das beim Straßenbau oft verwendet wird
5. Wichtiger Fundort für Versteinerungen aus der Jurazeit
6. Name für Donnerkeile
7. Sehr altes Gestein
8. Geologischer Name für das Zeitalter, in dem die Dinosaurier lebten

Wenn du die Buchstaben in den Kästchen der Mittelachse richtig ergänzt, ergeben sie, von oben nach unten gelesen, das Lösungswort: Es ist der wissenschaftliche Name für den Urvogel.

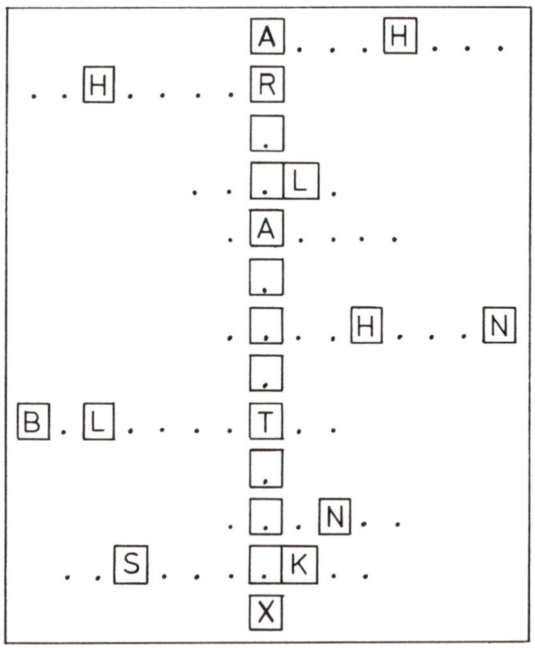

Brennende Steine

Als Junge hatte ich dafür zu sorgen, daß immer genug Holz und Kohlen in der Küche waren. Ich machte auch gern Feuer an und sah zu, wie die Flamme von einem Holzscheit auf ein Stück Kohle übergriff und dies zum Glühen brachte.

Susanne hat noch nie in ihrem Leben ein Stück Kohle gesehen. Ihre Mutter kocht auf dem Gasherd, und wenn es in der Wohnung kalt wird, drehen wir am Knopf des Thermostaten, und die Zentralheizung springt an. Vielen Kindern, die nicht in der Nähe von Kohlebergwerken wohnen, wird es so gehen wie Susanne. Und doch ist die Kohle eines der wichtigsten Gesteine. Wie wichtig, das zeigt eine Zahl: 1968 wurden in der Bundesrepublik Deutschland 112 Millionen Tonnen Steinkohle gefördert. Wir wollen versuchen, uns diese Zahl vorzustellen:

1	Güterwagen faßt	20 Tonnen Kohle
1	Zug faßt	1000 Tonnen Kohle
1 000	Züge fassen	1 Mill. Tonnen Kohle
112 000	Züge fassen	112 Mill. Tonnen Kohle

112 000 Güterzüge mit je 50 Wagen sind also notwendig, um die in einem Jahr geförderte Kohle abzutransportieren.

Wo bleiben die Kohlen? Sehr viel Steinkohle und noch mehr Braunkohle wird zur Gewinnung von elektrischem Strom verbraucht. Die chemischen Fabriken brauchen Kohle: Wichtige Bestandteile von Farben, Kunststoffen und auch von Arzneimitteln sind Kohlenstoffe. Außerdem ist zur Gewinnung von Eisen und Stahl Koks nötig. Koks entsteht durch Erhitzen von Kohle unter Luftabschluß. Er schafft die zum Schmelzen des Eisenerzes nötige Hitze.

Obwohl du vielleicht noch nie Kohle gesehen hast, bist du doch schon in vielfältiger Weise mit Kohle – oder besser: mit Kohleprodukten – in Berührung gekommen. Wenn du abends Licht machst, um zu lesen, wenn du deinen Anorak aus Synthetikstoff anziehst, wenn du ein Tonband abspielst, wenn du krank bist und Tabletten schlucken mußt, immer ist in irgendeiner Weise Kohle dabei.

Auf die Kohle ist es zurückzuführen, daß im Ruhrgebiet, dem größten Kohlenlager Deutschlands, sechs Millionen Menschen wohnen.

Die Entdeckung der Kohle

Die Kohle muß also schon ein besonderer Stein sein. Seine erste Besonderheit ist die, daß er brennt. Eine alte Geschichte erzählt, daß eines Tages Knechte auf dem Feld ein Holzfeuer anzündeten, um sich zu wärmen. Um den Feuerkreis schichteten sie einige Steine auf. Auf einmal fingen die Steine an zu glühen und strahlten selbst Hitze aus. Die Knechte waren erstaunt und erschrocken zugleich. Steine konnten brennen! So ähnlich mag es sich zu-

Entwicklung des Bergbaus

getragen haben, als die Feuerkraft des Kohlesteins entdeckt wurde.
Etwa seit dem Jahr 1300 n. Chr. wird im Ruhrgebiet Kohle gewonnen. An den Stellen, wo die brennenden Steine *zu Tage* lagen, war der Abbau leicht zu bewerkstelligen. (Abb. 1)
Die Kohlevorkommen nahe der Erdoberfläche waren jedoch bald erschöpft. Die Kohlengräber mußten tiefer in die Erde gehen. Sie gruben senkrechte Schächte, *Pütts* genannt, in den Boden; die Schachtwände verkleideten sie mit Holz. (Abb. 2)
Dann trieben sie vom Tal aus *Stollen*, das sind waagerechte Gänge, in den Berg, um im Innern des Berges, *unter Tage*, an die Kohlen zu gelangen. (Abb. 3)
In die tiefen Schichten der Erde, wo die meisten Kohlen lagern, konnten die Bergleute lange Zeit nicht vordringen. Das eindringende Sickerwasser ließ die Schächte *ersaufen*. Erst die Dampfmaschine machte es möglich, Schächte in größeren Tiefen trockenzuhalten. 1799 begann die erste Dampfmaschine im Ruhrgebiet zu arbeiten. Mit ihrer Hilfe wurde das Wasser in die Höhe gepumpt. Heute treiben die Bergleute die Schächte über tausend Meter tief hinab, um die Kohle von dort unten heraufzubefördern. (Abb. 4)

Aus Wäldern wurde Kohle

Im Kapitel »Die Geschichte eines Gebirges« hast du bereits vom *Karbon* gelesen. In diesem Zeitabschnitt, der zum Altertum der Erde gehört und vor etwa 350 Millionen Jahren begann, wurde das variskische Gebirge aufgefaltet. Das heutige Rheinische Schiefergebirge ist ein Teil davon. Im Vorland des Gebirges und auch in tiefen Mulden im Innern breiteten sich damals Sümpfe aus. Die Landpflanzen, die zu Beginn der Devonzeit vor 400 Millionen Jahren erst entstanden waren, hatten 60 bis 70 Millionen Jahre Zeit gehabt, um sich zu entwickeln.
Sahen die ersten Landpflanzen noch dem Meerestang sehr ähnlich, so hatten sie nun bereits Wurzeln ausgebildet und Wasserleitungsgefäße entwickelt, so daß die im Wasser gelösten Nährstoffe in alle Teile gelangen konnten. Ebenso brauchten sie ein starkes Gerüst, um sich über den Boden zu erheben. Allerdings hatten ihre Stämme noch kein Holz wie unsere heutigen Bäume; sie waren innen hohl und mit Mark gefüllt wie etwa der Holunder. Die meisten Pflanzen konnten nicht auf dem trockenen Festland gedeihen. Sie waren auf feuchtes Sumpfland angewiesen, dort bildeten sie riesige, dichte Wälder. Das Klima muß feucht und warm gewesen sein.
Das war die erste Voraussetzung, damit Kohle entstehen konnte: ein feucht-warmes Klima, das in den Sümpfen üppige Wälder wachsen ließ. Aber das allein genügt nicht. Im Wald hast du sicher schon gesehen, wie ein umgestürzter Baum verfault; er wird von Bakterien zersetzt. Die vielen sich zersetzenden Bäume und Blätter bilden in unseren Wäldern eine Humusschicht, einen guten Nährboden für weitere Pflanzen. Kohle entsteht dabei nicht.
Dazu ist eine zweite Voraussetzung nötig: An die umgestürzten Pflanzen darf keine Luft gelangen, sie müssen in Schlamm und fauligem Wasser versinken. Nur so kann sich Kohle bilden. Aber selbst wenn ein ganzer Wald im Schlamm untergeht, entstünde daraus eine Kohleschicht von höchstens einigen Zentimetern Dicke.
Es muß noch eine dritte Voraussetzung hinzukommen: Ständig muß neuer Wald nach-

wachsen, der dann wieder in den Sumpf sinkt. Das ist nur dann möglich, wenn der Boden des Sumpfwaldes selbst langsam in die Tiefe sinkt und der versunkene Wald von Sand, Geröll und Schlamm bedeckt wird, damit neuer Wald nachwachsen kann.
Nun muß eine letzte Bedingung hinzutreten: Die verkohlenden Pflanzen brauchen Hitze und Druck, damit Steinkohle daraus wird.
In der erwähnten Mulde am Rand des variskischen Gebirges trafen alle diese Bedingungen zusammen. Die Mulde sank immer tiefer, die Schichten gerieten in eine Tiefe, in der die Hitze und der Druck herrschten, die in Millionen Jahren die Wälder zu *Steinkohle* werden ließen.
Etwa 70 Millionen Jahre dauerte die Steinkohlenzeit. Die Geologen nennen sie die *Karbonzeit*, das heißt übersetzt *Kohlezeit*. Riesige Steinkohlenlager entstanden in diesem Zeitraum nicht nur in Deutschland, sondern auch in Nordamerika, in England, Frankreich, Belgien, Polen, Rußland, Indien und China.
In der Bundesrepublik sind zwei große Kohlengebiete entstanden, das Ruhrgebiet am Rande des variskischen Gebirges und das Saargebiet in einer Mulde innerhalb des Gebirges.
Kohle ist nicht nur im Karbon entstanden. Im Tertiär, der Neuzeit der Erde, haben sich ausgedehnte Lager von *Braunkohle* gebildet, in Deutschland vor allem in der Nähe von Köln und in Mitteldeutschland. Braunkohle ist noch nicht so fest wie die Steinkohle, da die Einwirkung von Druck und Hitze geringer war als bei der Steinkohle.
Selbst heute bildet sich in Sumpfgebieten noch Kohle. In den Mooren Norddeutschlands und Bayerns wurde lange Zeit *Torf* gegraben und als Brennstoff genutzt. Man kann den Torf als *beginnende* Kohle bezeichnen.

Woher weiß man Bescheid über die Steinkohlenwälder?

Im Norden von Westfalen, am Rande des Teutoburger Waldes, liegt die Stadt Ibbenbüren. Dort befindet sich das nördlichste Steinkohlenbergwerk der Bundesrepublik.
Susanne fährt mit ihren Eltern, von Münster kommend, auf der Bundesstraße 65 in Richtung Rheine. Nach wenigen Kilometern weist ein Schild nach Hopsten. Sie folgen dieser Straße und sehen bald auf der linken Seite eine hohe Halde. Hier wird der Schutt aus dem Steinkohlenbergwerk hingefahren und zu einem hohen Berg aufgeschüttet. Der Schutt, das ist das *taube* Gestein, das keine Kohle enthält. Gerade dieser wertlose Abfall ist es, der die Steinforscher und Steinsammler interessiert.
Schon beim Aussteigen sind sie überrascht. Fast alle Steine, die sie aufheben, enthalten Abdrücke von Pflanzen. »Ich glaube, heute haben wir Glück«, sagt Susanne. Da es schon Feierabend ist und sie niemanden mehr stören, können sie auf die Höhe der Halde hinauffahren. Dort brauchen sie kaum zu suchen. Die versteinerten Reste des früheren Kohlenwaldes liegen nur so herum.
Susanne hebt ein Stück mit vielen breiten Rippen auf. »Das ist das Stammstück eines *Siegelbaumes*«, erklärt ihr Vater. »Die Punkte in der Mitte sind Blattnarben. Der Baum wurde 20 bis 30 Meter hoch.« Ein besonders schwerer Brocken zeigt eine Oberfläche wie aus Fischschuppen. »Das war ein Verwandter des Siegelbaumes, ein *Schuppenbaum*«, weiß Susannes Mutter. »Der Stamm war von einem Polster aus Blättern umgeben, und die Schuppen sind die Abdrücke.«

Abdruck vom Siegelbaum

Abdruck vom Schuppenbaum

An einer Stelle tragen sie ihre Funde zusammen: Es sind Abdrücke von Schachtelhalmstämmen, Farnblättern und den feinen Zweigen und Blättchen aus der Krone eines Schuppenbaumes. Susannes Vater spaltet mit dem Meißel einige der dicken Platten, und auf den Spaltflächen zeigen sich wiederum sehr schöne Abdrücke.

Sie sehen schon, daß sie mehr zusammengetragen haben, als sie mitnehmen können. Die Auswahl fällt ihnen schwer, manches Stück muß liegen bleiben; die anderen packen sie lagenweise in eine Holzkiste. Jede Lage wird mit einem Stück Schaumstoff abgedeckt, so daß die Abdrücke nicht verkratzt werden.

Vergoldete Kohle?

Während des Einpackens ist Susanne rasch noch einmal in die Halde geklettert. Von dort ruft sie: »Ich habe ein Stück vergoldete Kohle gefunden!« Ihr Vater lacht. »Da siehst du, Kohle ist so wertvoll, daß man sie sogar vergoldet.« Dann sagt er: »Denk doch einmal an unsere Goldschnecken!« Susanne erinnert sich. »Ach ja, das ist . . . , wie heißt das noch?« – »Pyritisiert.«

Nun kommen auch die Eltern noch einmal in die Halde. Sie finden einige Stücke Schieferton mit Einlagerungen von Pyrit. In einem hat sich zwischen jede Tonschicht eine dünne Py-

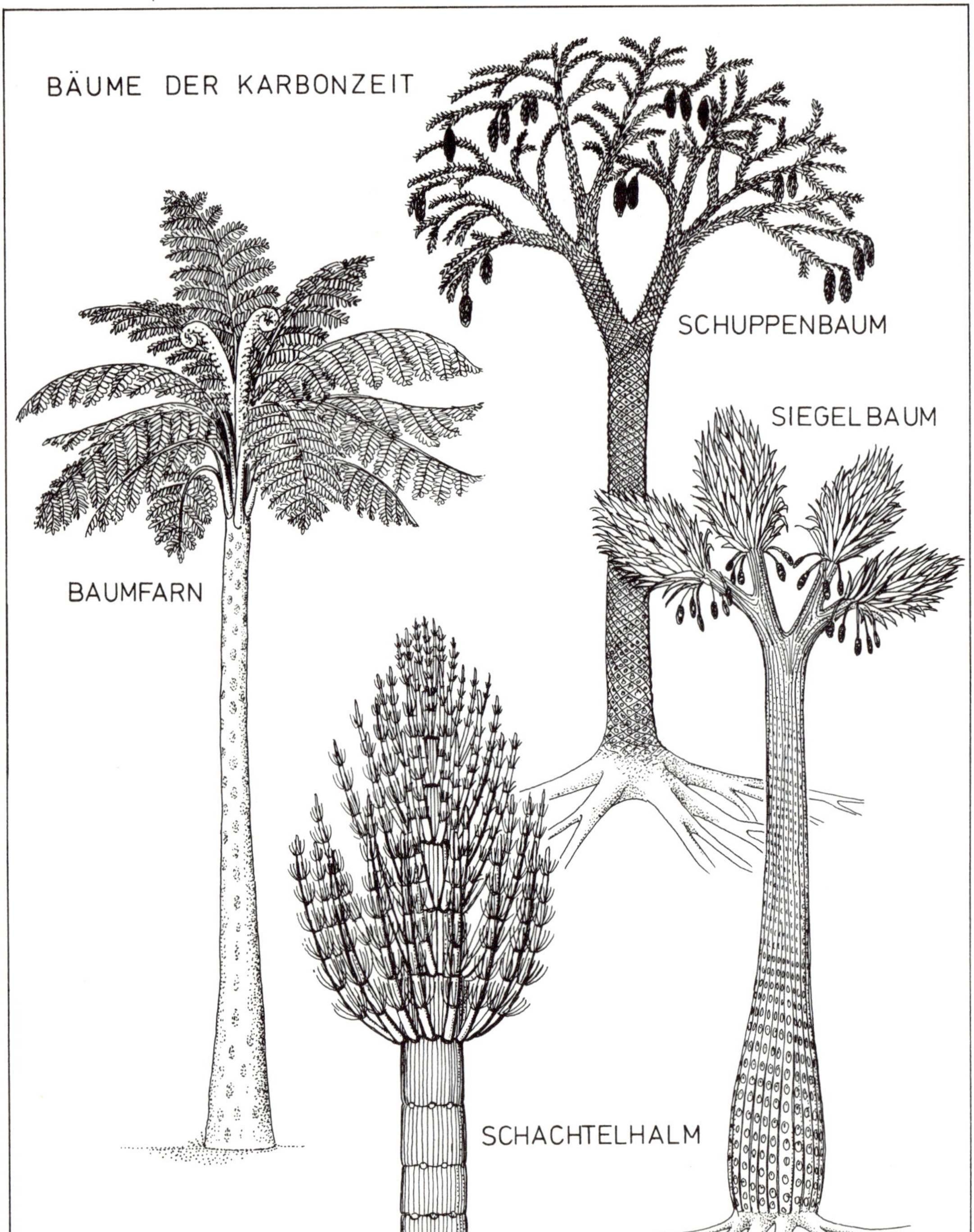
BÄUME DER KARBONZEIT
SCHUPPENBAUM
SIEGELBAUM
BAUMFARN
SCHACHTELHALM

ritschicht gelagert. Sehr gut läßt sich erkennen, wie dünn die Schlammschichten gewesen sein müssen, die sich auf dem Boden des Kohlensumpfes abgesetzt haben. Auch von den *vergoldeten* Kohlen nehmen sie noch einige Stücke mit.

Farn-Bäume?

Auf der Heimfahrt fragt Susanne: »Papa, eben hast du gesagt, die Schuppen- und Siegelbäume wurden 20 bis 30 Meter hoch; aber wir haben doch nur kleine Stück gefunden.«
»Wir ja, aber es sind auch große Teile von Stämmen und Kronen gefunden worden. In mühevoller Kleinarbeit haben die Forscher Einzelteile zu ganzen Bäumen zusammengesetzt; sie haben die Pflanzen *rekonstruiert* und konnten sich so ein Bild von den Wäldern der Steinkohlenzeit machen.
Damals, vor 300 Millionen Jahren, wuchsen ganz andere Pflanzen in den Wäldern als heute. Die verbreitetste Gruppe waren die *Farne*. Es gab niedrige Büsche wie auch Bäume von zehn bis 20 Metern Höhe.«
»Wirklich Farn-Bäume?« fragt Susanne zweifelnd.
»Noch andere Pflanzen waren damals Bäume. Du kennst doch *Schachtelhalme*, die als Unkraut auf Äckern und am Weg wachsen. In der Karbonzeit wurden sie zehn Meter hoch. Die größten Bäume des Steinkohlenwaldes waren wohl die Siegelbäume und Schuppenbäume. Ihre heute lebenden Verwandten sind dagegen recht kleine Pflanzen. Im Schwarzwald haben wir *Bärlappe* gefunden, die mit ihren Stengeln am Boden hinkriechen. Die kurzstieligen Zweige tragen an ihrer Spitze kleine Blättchen mit Sporen. Diese Zwerge sind übriggeblieben von den Riesenvorfahren, deren Stämme zwei Meter Durchmesser hatten und deren Kronen meterlangen Grasbüscheln ähnelten.
Wenn du gefragt wirst, wie unser Wald heute aussieht, was würdest du dann antworten?«
»Es ist ein Mischwald aus Laub- und Nadelbäumen: Buchen, Eichen, Fichten, Kiefern.«
»Alle diese Bäume gab es in der Kohlezeit noch nicht. Unser Wald besteht in der Hauptsache aus Bäumen, die zu den *Samenpflanzen* gehören. Wir treffen heute zwar auch Farne, Schachtelhalme und Bärlappe an, doch zählen wir sie zu den niedrigen Pflanzen, die meistens am Rande wachsen. Sie bilden auch keine Samen, sondern vermehren sich durch Sporen. Eben die *Sporenpflanzen* waren im Erdaltertum, zur Karbon- und Permzeit, die großen Pflanzen. Die Entwicklung der Samenpflanzen hatte gerade erst begonnen. Etliche sahen aus wie unsere Zimmertanne Araucaria, andere haben sich rasch zu großen Bäumen entwickelt.
In der Entwicklung des Lebens gibt es Pflanzengruppen, die zu einer bestimmten Zeit zu Riesenformen wachsen, dann wieder kleiner werden oder ganz aussterben. Andere, deren Entwicklung später beginnt, nehmen dann ihre Stelle ein.«
»Werden dann die Blütenpflanzen auch einmal aussterben?«
»Mit Sicherheit können wir das nicht sagen; aber möglich ist, daß es in einigen Millionen Jahren Pflanzen gibt, von denen wir heute noch keine Ahnung haben.«
»In den Steinkohlenwäldern hat es doch sicher auch Tiere gegeben?«
»Mit den Tieren ist es ähnlich wie mit den Pflanzen. Am weitesten verbreitet waren in den Sumpfwäldern der Kohlezeit die *Insekten*. Gut erhaltene Abdrücke von Flügeln und sogar einige ganze Tiere wurden im Schieferton eingebettet gefunden. Libellen mit 70

Zentimeter Flügelspannweite flogen durch den Kohlenwald. In den Seen und Flüssen schwammen Fische, die unseren heutigen noch nicht sehr ähnlich sahen, Muscheln und Krebse hatten sich angesiedelt.
So war die Kohlezeit die große Zeit der Insekten. Es entstanden auch die Urformen der *Reptilien*, die im Erdmittelalter zu den Riesenformen der Saurier heranwuchsen. Erst gegen Ende des Erdmittelalters, in der Kreidezeit, treten die ersten *Säugetiere* auf. Sie, die damals die kleinen Tiere waren, beherrschen heute die Erde.«

Kleines Lexikon

Karbon: Der Name kommt aus dem Lateinischen; »carbo« heißt Kohle. Die Karbonzeit begann vor 350 Millionen Jahren und dauerte 70 Millionen Jahre. In dieser Zeit hat sich aus dem Devonmeer das variskische Gebirge erhoben. An seiner Küste und in Senken im Innern des Gebirges wuchsen in Sümpfen die Wälder, die unsere Steinkohle gebildet haben. Der Verwitterungsschutt des Gebirges wurde in die Mulde hineingetragen, und diese sank langsam tiefer. Im Sumpf versinkende Wälder, Bedeckung mit Sand und Schlamm, Wachsen neuer Wälder, Versinken im Sumpf wechselten miteinander ab. Wie tief die Mulde sank, zeigt sich daran, daß Steinkohlenflöze über 1000 Meter tief liegen.
Steinkohle: Sie ist die härteste Kohle, glänzend schwarz, im Karbon entstanden. In Deutschland wird sie im Ruhrgebiet und im Saargebiet gewonnen. Steinkohlenlager gibt es in Europa an der Küstenlinie des alten variskischen Gebirges.
Braunkohle: Sie ist genau wie die Steinkohle entstanden, nur viel jünger. Sie hat sich erst im Tertiär gebildet und liegt ziemlich dicht unter der Erdoberfläche. In der Bundesrepublik gibt es große Lager in der Nähe von Aachen und Köln und bei Braunschweig und Helmstedt. Sie liegt dort in bis zu 100 Meter dicken Flözen.
Torf: Auch der Torf ist eine Kohlebildung; man kann sagen, die beginnende Kohle. Er bildet sich in Sümpfen, wo die Pflanzen versinken und unter Luftabschluß zu verkohlen beginnen. Torfmoore, in denen der Torf gewonnen und noch als Brennstoff verwandt wird, gibt es in Norddeutschland und in Bayern. Torf wird aber auch in Gärtnereien und in der Landwirtschaft zur Verbesserung des Bodens benutzt.

In der Lüneburger Heide

Woher kommen die Steine?

Susanne und ihre Eltern halten auf einem Parkplatz in der Lüneburger Heide. Viele Autos stehen hier; denn viele Menschen wollen wandern und die Heide kennenlernen. Ein großer Teil der Heide ist Naturschutzpark. Die Landschaft soll so bestehen bleiben, wie sie seit einigen hundert Jahren aussieht.

Am Weg stehen einige Bauernhäuser. Das Dach ist mit Reet, einem Schilfgras, gedeckt und tief herabgezogen. Die Wände sind aus Fachwerk errichtet und mit Backsteinen ausgemauert. Den Giebel schmücken zwei gekreuzte Pferdeköpfe aus Holz.

»Hier kannst du sehen, wie die Menschen ihre Häuser aus den Stoffen bauen, die sie in ihrer nächsten Umgebung finden«, sagt Susannes Vater. »Die Stämme für das Fachwerk sind aus dem Wald. Das Schilfrohr wächst an moorigen Stellen. Nur Bausteine gibt es hier nicht, dafür aber genug Lehm. Den brennen die Leute zu Backsteinen. Auf unserer Herfahrt hast du ja schon in Münster und in Verden die vielen Häuser aus Backstein gesehen. Sogar Bürgersteige waren aus Backsteinen gepflastert. Wo die Bausteine fehlten, haben sich die Leute zu helfen gewußt und den Lehm zu Ziegeln gebrannt.«

Sie gehen auf einen niedrigen Berg zu. Von der Kuppe aus können sie weit in die Heidelandschaft hineinblicken. Vor ihnen dehnt sich eine wellige Fläche mit Heidekraut und einzelnen Wacholderbüschen, dahinter ein niedriger Wald mit Kiefern und Birken. Sie gehen einen Weg, auf dem sie nur hin und wieder Leuten begegnen. Bald haben sie den »Steingrund« erreicht. Er ist bedeckt mit hohen Wa-

Haus in der Lüneburger Heide

Granitfindling

Feuersteine

cholderbüschen. Einzelne dicke Steine ragen aus dem Boden heraus.

Susanne hat sich schon gebückt. »Papa, das ist Granit.« – »Komisch, hast du irgendwo hier in der Heide einen Steinbruch oder Felsen aus Granit gesehen?« – »Nein, immer nur einzelne, verstreut liegende Steine.«

Sie sind sehr erstaunt, als sie noch andere Steine finden, Gneis und Feuersteine. Gewöhnlich gilt die Regel, daß die Steine aus dem Fels oder dem Boden der Umgebung stammen. Wo wir Sandsteine oder Granit finden, sind auch die Berge aus Sandstein oder Granit. Aber hier gibt es nirgendwo richtige Berge, Felsen oder felsigen Untergrund.

»Die Steine müssen doch irgendwo hergekommen sein. Die Menschen haben sie sicher nicht hierher getragen, die großen Blöcke sind viel zu schwer.«

»Denk doch einmal an den Teufelstisch!« sagt Susannes Vater. »Wie haben sich die Menschen den erklärt?« – »Ach, vielleicht glaubten sie, der Teufel hätte sie hergebracht?« – »Ja, oder sie seien vom Himmel gefallen. Lange Zeit hat man über die Herkunft der Steine nachgedacht, aber sie blieb rätselhaft. Du hast doch schon von Goethe gehört. Er war nicht nur ein großer Dichter; er war auch Geologe, der Erdforschung betrieben hat. Auch ihn interessierte die Herkunft der Steine. Schließlich gab er es auf. ›So viel wir auch darüber nachgedacht haben‹, schrieb er, ›wir konnten das Rätsel nicht lösen.‹«

»Aber heute weiß man, woher die Steine sind?« – »Ja, heute weiß man es. Und nun wirst du staunen: Der Granit, den du in der Hand hältst, stammt aus Norwegen oder Schweden.« – »Was, von so weit? Und wie kommt er hierher?«

Das wollen wir jetzt erklären.

Des Rätsels Lösung

Erst vor etwa hundert Jahren, im Jahre 1875, kam der schwedische Geologe Torell hinter das Geheimnis. In der Nähe von Berlin ragen Berge aus Kalkstein aus dem Untergrund heraus. Auf den Felsen fand er seltsame Kratzer und dazwischen spiegelblank polierte Flächen. Das kannte er von seinen Forschungen im Polargebiet. Solche Schrammen hinterlassen *Gletscher* auf den Felsen. Sollte Norddeutschland einmal von Gletschern bedeckt gewesen sein?

Nun sahen sich die Forscher auch die Steine

näher an. Aus dem gleichen Granit, den man in Norddeutschland findet, bestehen in Norwegen und Schweden ganze Berge. Es muß also eine Zeit gegeben haben, in der Eisberge aus dem Norden Europas nach Süden gewandert sind, bis in die Norddeutsche Tiefebene hinein. Besser sagen wir wohl: Ganz Nordeuropa war mit Eis bedeckt. Je mehr Schnee und Eis hinzukamen, um so weiter wanderten die Gletscher nach Süden, so daß schließlich der Boden Norddeutschlands unter einer riesigen Eisfläche verschwand.

Alles, was auf dem Weg der Gletscher lag, schleppten diese mit sich. Ein haushoher Felsbrocken war für einen mehrere hundert Meter hohen Eisberg leicht zu bewältigen. Sie hobelten ganze Berge ab und gruben tiefe Täler. Den Schutt schoben sie vor sich her und nahmen ihn unter sich am Boden mit. Wo die Gletscher abschmolzen, blieben die Schuttberge liegen.

Auf diese Weise sind die Hügelrücken der ganzen norddeutschen und der sich anschließenden polnischen und russischen Tiefebene entstanden. Sie bestehen aus Lehm und lockeren Steinen, aber nicht aus Fels.

So ist zum Beispiel der Wilseder Berg in der Lüneburger Heide von Gletschern hierher geschoben worden. – Er erhebt sich 170 Meter über den Meeresspiegel, und mindestens noch einmal so dick ist die Schuttschicht darunter.

Zwei Linien von Hügeln kannst du auf dem Atlas erkennen. Die nördlichere zieht sich von Schleswig-Holstein über Mecklenburg und Pommern bis nach Ostpreußen; die südlichere von der Lüneburger Heide über Brandenburg und die Lausitz bis nach Schlesien. Die von den Gletschern liegengelassenen Schutthalden werden als *Moränen* bezeichnet. Die besonders hohen an ihrer Front oder ihrem Ende heißen *Endmoränen*; die weniger hohen Hügel, die sie unterwegs an ihrem Grund zurückließen, sind die *Grundmoränen*.

Ganz Norddeutschland und das nordeuropäische Tiefland sind vom Schutt der Gletscher bedeckt. Bei Hamburg liegt er fast 200 Meter, bei Berlin über 120 Meter hoch. Die Forscher schätzen, daß die Gletscher während der Eiszeit die Berge Skandinaviens, also Norwegens und Schwedens, um etwa 150 Meter erniedrigt haben. Du kannst also sagen, ein Teil der Berge Skandinaviens liegt jetzt in Norddeutschland.

Um solche Gesteinsmassen abzutragen und tausend Kilometer weiter südlich abzulagern, dazu brauchten die Gletscher viel Zeit. Die Forscher fanden heraus, daß die *Eiszeit* vor ungefähr 500 oder 600 Tausend Jahren begann. Auch war sie nicht eine einzige durchgehende Kältezeit. Es gab mehrere Eiszeiten mit dazwischenliegenden Warmzeiten, in denen das Eis wieder zurückwich.

Für Norddeutschland werden drei große Eiszeiten mit zwei warmen Zwischenzeiten angenommen. Während der zweiten Eiszeit wurden vor etwa 200 Tausend Jahren die Berge der Lüneburger Heide gebildet. In der dritten und letzten Eiszeit gelangte das Eis nicht mehr so weit nach Süden, und es bildete sich der nördliche Moränenzug. Sie hat vor 150 Tausend Jahren begonnen, und erst vor 20 Tausend Jahren schmolzen die Gletscher ab. Danach blieb das Klima noch weitere 12 Tausend Jahre lang kalt.

Nun schau dir auf der Karte die Flüsse in Norddeutschland an. An den Flüssen Weser, Aller, Elbe und Oder zieh eine Verbindungslinie zwischen den Städten Bremen, Verden, Wolfsburg, Magdeburg, Wittenberg und Breslau. Dann sieh dir die Flüsse Elbe, Havel, Spree, Oder und Warthe an und zieh eine Verbindungslinie zwischen den Städten

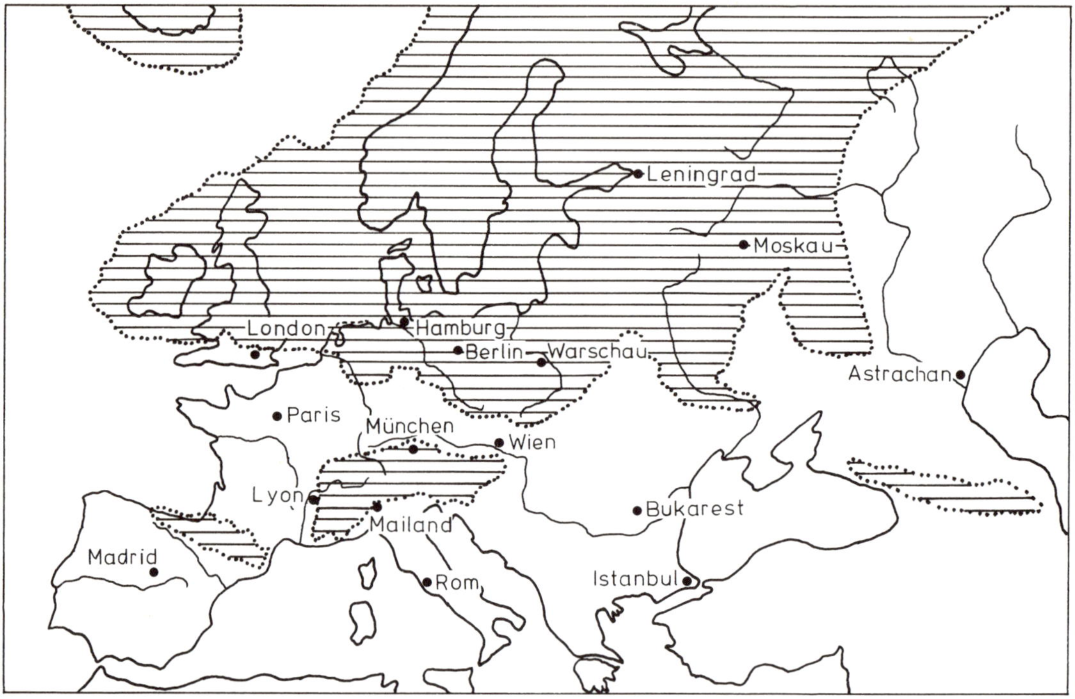

Eisbedeckung über Nordschweden 2500–3000 m, über den Alpen ca. 1000 m

Hamburg, Berlin, Frankfurt/Oder über Posen bis nach Warschau in Polen.

Entlang dieser beiden Linien sind nach dem Abschmelzen der Gletscher die Flüsse im norddeutschen Tiefland geflossen. Die Gletscher und die Endmoränen haben den Flüssen ihre Wege vorgeschrieben. Die beiden großen Ströme Oder und Weichsel haben erst später die Hügelkette durchbrochen und sich ihren Weg zur Ostsee gebahnt. Diese ursprünglichen Täler der nacheiszeitlichen Flüsse, in denen ein Teil von ihnen heute noch fließt, heißen *Urstromtäler.*

Noch etwas haben die Gletscher der Eiszeit verursacht. Vom Eis her wehten ständig kalte Winde nach Süden. Sie bliesen den feinen Staub aus dem abgelagerten Schutt heraus und setzten ihn am Rande der Mittelgebirge wieder ab. So bildeten sich die fruchtbaren *Lößböden* der Niederrheinischen Bucht, der Magdeburger Börde, der Sächsischen Bucht und in Mittelschlesien. Daß Weizen und Zuckerrüben dort so gut gedeihen, verdanken wir der Eiszeit.

Dreierlei hat uns also die *Eiszeit* gebracht: die *Moränen* mit ihren Hügeln und *Findlingen*, den Steinen aus Nordeuropa, die *Urstromtäler*, die den Flüssen ihre Richtung wiesen, die fruchtbaren *Lößböden.*

Ungeklärt ist bis heute, warum es auf der Erde kälter wurde. Jedenfalls dauerten die Sommer nicht mehr so lang. Der Schnee in den Gebirgen Skandinaviens, den Alpen und anderen hohen Bergen taute nicht mehr ab. In den Wintern kam noch mehr Schnee hinzu, die unteren Lagen wurden zu Eis zusammenge-

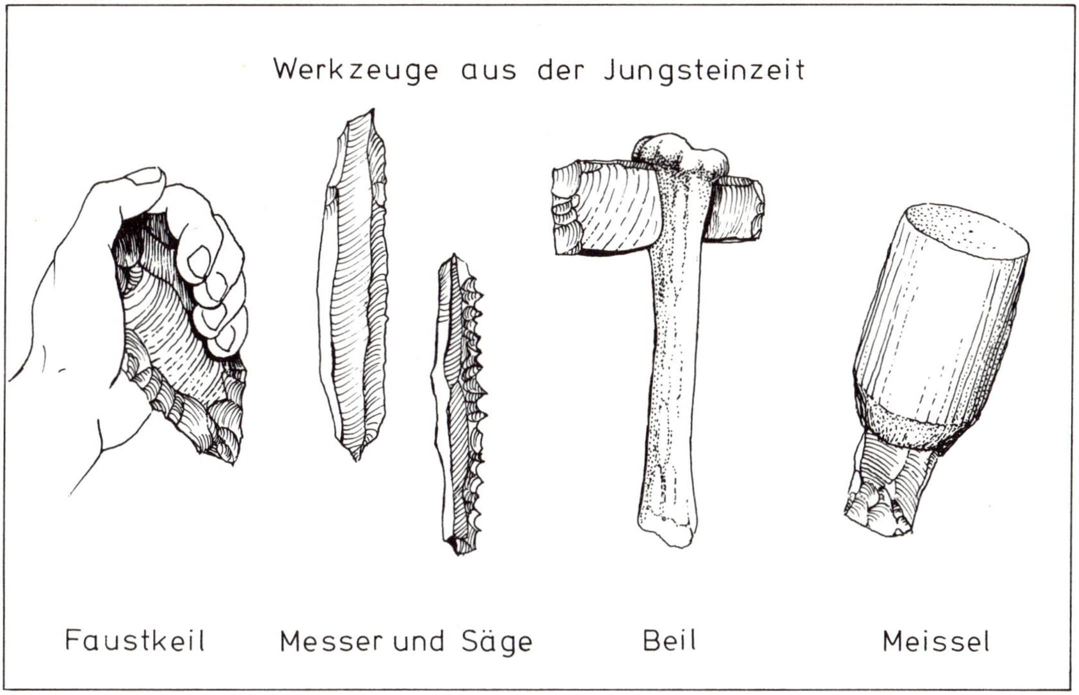

preßt. Die Eisberge krochen in die Täler hinab, vereinigten sich zu Eisströmen und schoben sich in die Ebene hinaus.

Der Lebensraum für die Tiere und Menschen, die damals schon lebten, wurde von zwei Seiten her eingeengt. Die Gletscher kamen nicht nur von Norden. Auch von den Alpen her rückten sie in die Ebene Süddeutschlands vor. So ist München auf einer eiszeitlichen Schotterfläche erbaut; die vielen Seen Süddeutschlands sind Becken, die die Gletscher geschaffen haben.

Die Tiere, die sich der Kälte nicht anpassen konnten, mußten in wärmere Gebiete Südeuropas oder Afrikas wandern, oder sie starben aus. Andere Tiere, die die Kälte vertragen konnten, traten an ihre Stelle. Mammuts, Höhlenbären, Riesenhirsche, Rentiere, Wisente lebten in der Kältesteppe. Das Land sah aus wie heute die Landschaften weit im Norden, in Lappland oder in Sibirien. Nur an geschützten Stellen wuchs niedriger Wald. Ansonsten gediehen nur Zwergbirken, Wacholder, Weiden, Heidekraut, Moose und Flechten.

In diesem unwirtlichen Land lebten auch Menschen. Sie hatten gelernt, das Feuer zu gebrauchen, zum Wärmen und als Schutz vor Tieren. Sie jagten Mammuts, indem sie Gruben aushoben und ein hineingeratenes Tier mit Steinen totwarfen. Mit Faustkeilen zerlegten sie die Tiere. Ihre Waffen waren Faustkeile, Schaber und Messer aus scharfen Feuersteinen, Beile aus Hirschgeweihen. Die Historiker, das sind die Wissenschaftler, die die Geschichte der Menschen erforschen,

sprechen nicht von der Eiszeit, sondern von der *Steinzeit.*
Es ist die Zeit, in der die Menschen vor allen Dingen Steine, auch Knochen und Holz, als Werkzeuge benutzten. Ihre Toten bestatteten sie in Gräbern, die sie aus den riesigen Findlingsblöcken der Eiszeit errichteten und die wir *Hünengräber* nennen.
So beginnt die Geschichte der Menschen.

Kleines Lexikon

Lüneburger Heide: Eine Landschaft im norddeutschen Flachland zwischen Elbe und Aller. Die Heide ist im Mittelalter durch Abholzung des Waldes entstanden. Die Haltung großer Schafherden, Heidschnucken, verhinderte neuen Baumwuchs, so daß sie jahrhundertelang nur von Zwergsträuchern, vorwiegend Heidekraut, und Wacholderbüschen bewachsen war. Im vorigen Jahrhundert wurde ein großer Teil wieder mit Birken und Kiefern aufgeforstet oder in Ackerland umgewandelt. Ein Teil der Heide soll aber erhalten bleiben und wurde zum Naturschutzpark erklärt.
Findlinge: Die Steine in der Lüneburger Heide sind nicht an Ort und Stelle aus Felsen entstanden. Besonders die großen Blöcke werden deshalb Findlinge genannt. Die Menschen der Jungsteinzeit haben sie zu Hünengräbern aufgeschichtet und darin ihre Toten begraben.
Eiszeit: Vor etwa einer Million Jahren begann das Klima auf der Erde kälter zu werden. Von Nordeuropa rückten die Gletscher nach Süden vor, bis weit in die norddeutsche Ebene hinein, von den Alpen wanderten sie nach Norden bis zur Donau, so daß nur ein schmaler Streifen der Mittelgebirge eisfrei blieb. Es gab mehrere Eiszeiten mit dazwischenliegenden Warmzeiten. Die Ursachen der Eiszeiten sind bis heute noch nicht geklärt.
Moränen: Der von den Gletschern mitgeschleppte und beim Abschmelzen abgelagerte Schutt wird als Moräne bezeichnet. Besonders die Endmoränen türmten sich, wie in der Lüneburger Heide, zu recht hohen Bergen auf.
Urstromtal: Die am Rande der abtauenden Gletscher entlangströmenden Flüsse gruben sich Täler, die heute noch bestehen. Auf einem Teil ihres Laufes fließen die norddeutschen Flüsse auch heute noch durch die Urstromtäler.
Löß: Der von den Eiszeitwinden aus den Moränen herausgeblasene Staub wurde nach Süden getragen und blieb vor den Mittelgebirgen liegen. Dort hat er einen sehr fruchtbaren Boden geschaffen.
Steinzeit: Mit ihr setzt die Geschichte der Menschheit ein. Ihren Beginn nehmen die Wissenschaftler in der Übergangszeit vom Tertiär zum Quartär an, also vor rund einer Million Jahren. Die Menschen lernten, Steine als Werkzeuge zu gebrauchen, und benutzten vor allem den harten und leicht spaltbaren Feuerstein. Das erste Werkzeug war wohl ein roh zugeschlagener Faustkeil. Die Steinzeit wird in drei Epochen gegliedert: Altsteinzeit, Mittelsteinzeit, Jungsteinzeit.
Feuerstein: ist Kieselsäure (Quarz) in der fein kristallisierten Art Chalcedon. Er kommt in Form von Knollen in Kreidekalken vor, z. B. in Dänemark, England, Nordfrankreich. Von den Gletschern wurden Feuersteine nach Norddeutschland gebracht. Weil er so hart und scharfkantig ist und leicht splittert, war der Feuerstein der Hauptwerkstoff der Steinzeitmenschen.

Kampf zwischen Land und Meer

Das Spiel mit der Sandburg

Bist du schon einmal in den Ferien am Meer gewesen? Dann hast du sicher Sandburgen gebaut und sie gegen die Wellen verteidigt. Wo die herandrängende Flut ein Loch riß, hast du rasch eine Schippe Sand hineingeschüttet; aber schließlich siegte das Meer, deine Burg versank in der Flut.

Was du beim Spiel um die Burgen erlebst, das geschieht auf der Erde, seit es Land und Meer gibt: Kampf zwischen den beiden Naturgewalten. Und seit Menschen an der Küste leben, müssen sie ihre Wohnplätze gegen das Meer verteidigen. Erst warfen sie Erdhügel auf, *Warfen* oder *Wurten* genannt, und bauten ihre Häuser darauf. Später schützten sie ihr Land mit *Deichen* gegen die Flut. Aber immer wieder einmal durchbricht das Meer in einer Sturmflut einen Deich und dringt in das Land ein, oder es überflutet sogar Teile des Landes für immer.

Wenn du die hier abgebildete alte Landkarte der Nordfriesischen Inseln mit der heutigen vergleichst, wirst du feststellen, daß der Verlauf der Küste an vielen Stellen nicht mehr übereinstimmt.

Eine Veränderung fällt sofort ins Auge: Der Mittelteil der großen Insel Nordstrand ist völlig verschwunden. Übriggeblieben sind zwei kleinere Inseln, Pellworm und das den alten Namen weitertragende Nordstrand. Eine furchtbare Sturmflut im Jahre 1634 hat die Insel zerbrochen und den größeren Teil mitsamt der Hafenstadt Rungholt ins Meer gerissen.

Ein Teil der Nordfriesischen Inseln gehörte noch vor ein paar tausend Jahren zum festen Land. Vor zehn bis 20 Tausend Jahren war sogar der mittlere und südliche Teil der Nordsee Land. Die Mündungen von Rhein, Ems, Weser und Elbe lagen 250 bis 300 Kilometer weiter nördlich. Wenn du eine Linie von der englischen Hafenstadt Hull bis zur Nordspitze Dänemarks ziehst, dann hast du ungefähr den damaligen Verlauf der Nordseeküste. Seit dieser Zeit also dringt die Nordsee beständig nach Süden vor.

Eine Besonderheit in der Nordsee ist die Insel Helgoland, ein kleiner Felsklotz aus rotem Buntsandstein. (Vgl. Abb. S. 36.) Sie ist schon 200 Millionen Jahre alt und ein Rest des großen Buntsandsteingebietes, das einmal große Teile Mitteleuropas bedeckte. Auch Helgoland war schon vom Meer überspült, wurde aber später durch einen unter ihm liegenden und aufquellenden Salzstock aus dem Untergrund emporgehoben.

Die Insel war früher viel größer. Bis zum Jahre 1700 waren hier große Kalksteinbrüche, aus denen die Hamburger Bausteine für ihre Häuser holten. In den Jahren 1711 und 1721 versank dieser Teil der Insel in Sturmfluten.

Die Nordfriesischen Inseln

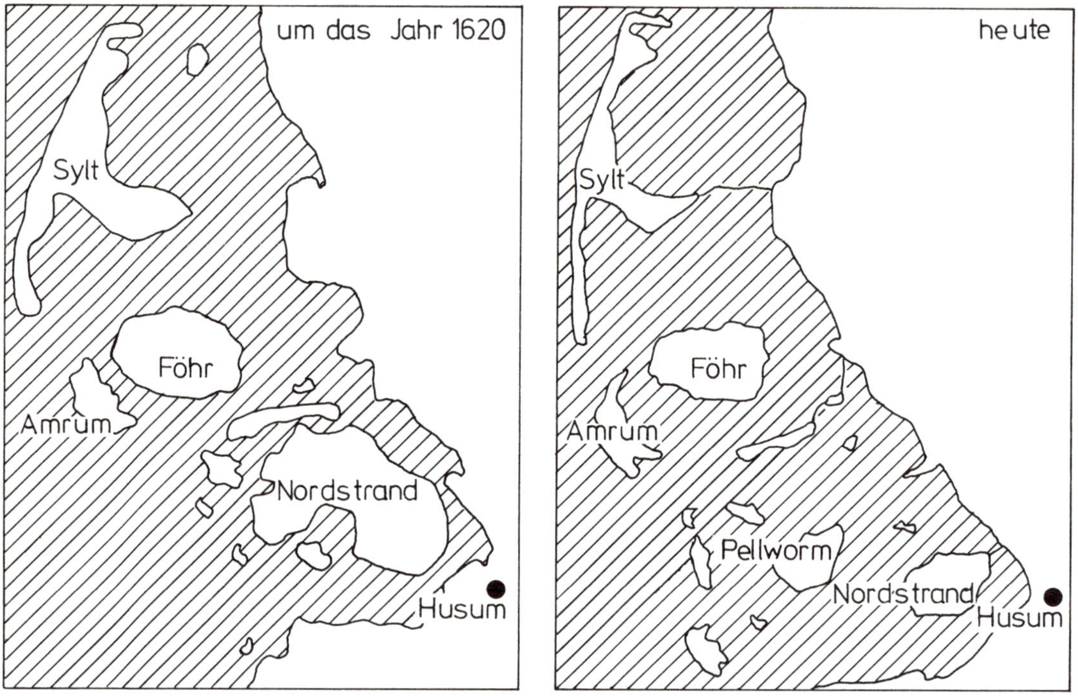

Es scheint also so zu sein, daß die deutsche Nordseeküste ganz langsam tiefer sinkt. Wir wissen nicht, wann das Sinken aufhören wird, und ob nicht eines Tages vielleicht der bereits abgelagerte Boden sich wieder heben und ein neues Gebirge sich bilden wird.
Unser Spiel mit der Sandburg gibt uns noch eine Frage auf:

Woher kommt der Sand?

Um die Frage zu beantworten, wollen wir uns zuerst zu Hause ein wenig umsehen. Es ist dir bestimmt schon aufgefallen, daß nach einem starken Regen die Landstraße mit Sand und Schlamm bedeckt war. Das Regenwasser gräbt Rinnen in die Straßenböschungen und spült Steine, Sand und Schlamm mit sich fort. Die Steine bleiben meist schon nach einigen Metern liegen, der Sand lagert sich weiter weg in Form eines *Schuttkegels* ab, der Schlamm wird vom Wasser weit weggeführt. Der nächste Regen nimmt den Sand wieder ein Stück weit mit, bis dieser schließlich in einen Bach gelangt. Der Bach trägt ihn in einen Fluß, und der Fluß . . .?
Nach einem Wolkenbruch kann es vorkommen, daß ein Fluß lehmbraun oder rötlich gefärbt ist, je nach der Farbe des abgeschwemmten Bodens. Tagtäglich führen die Bäche und Flüsse Steine, Sand, Schlamm und im Wasser gelöste Stoffe mit sich.
In den Bachbetten der Alpen und auch der Mittelgebirge siehst du besonders große Steine liegen. Für sie braucht das Wasser die

Kiesel aus einer Kiesgrube am Oberrhein
Links: ein Granitkiesel. Rechts: ein Kieselschiefer mit Kalkbändern. Oben: ein Karneol. In der Mitte und unten: zwei Quarzkiesel. Der rechte und der obere Stein haben noch keine weiten Strecken zurückgelegt, sie sind noch nicht »abgerollt«.

Diese Düne ist in einen Garten eingedrungen. Der Zaun zeigt noch seine Grenzen an, aber die Bewohner haben ihn schon aufgegeben.

meiste Kraft, und es kann sie wohl auch nur bei Hochwasser weitertransportieren. Im Mittellauf, wo die Strömung des Flusses geringer ist, wird dann das gröbere Geröll und der Kies abgelagert. So hat der Oberrhein sein Tal schon einige hundert Meter dick aufgefüllt. Die Bauleute sind darüber froh; sie verwenden den Kies zur Herstellung von Beton.
Auf ihrer Reise im Fluß werden Steine und Gerölle durch die Reibung am Boden und an den anderen Steinen rundgeschliffen und poliert. Die abgeschliffenen Teilchen wandern als *Sand* weiter. Wie schnell ein Stein zerrieben wird, hängt von seiner Härte ab. Granitgeröll etwa wird auf einer Strecke von 100 Kilometern um die Hälfte kleiner. Ein Sandstein ist schon nach 20 Kilometern Flußtransport vollständig zu Sand zerrieben. Nach längeren Strecken bleiben nur noch die besonders harten Quarze und Kieselschiefer übrig.
Je weiter wir zur Mündung eines Flusses kommen, um so kleiner wird das Geröll. Wo die Strömung aufhört, kann der Fluß nur noch die feinsten Teilchen, den *Schweb*, tragen, der sich im Meer als Schlamm absetzt. Ein Hochwasser mit stärkerer Strömung bringt dann wieder Sand und Geröll nach. Der Rhein führt jährlich fast 20 Millionen Tonnen Sand, Schlamm und gelöste Stoffe ins Meer. Man könnte 20 Tausend Güterzüge zu je tausend Tonnen Gewicht damit beladen.
So riesig die ins Meer getragene Menge auch ist, für uns Menschen geht die Abtragung der Gebirge unvorstellbar langsam vor sich. Das Juragebirge, von dem im ersten Kapitel die Rede war, ist seit seiner Heraushebung aus dem Meer vor etwa 120 Millionen Jahren um rund tausend Meter abgetragen worden. Der Schutt, der im Flachland der Rheinmündungen und in der Nordsee abgelagert ist, erreicht schon eine Mächtigkeit von 3000 Metern. Ebenso wie der Rhein tragen auch die Ems, die Weser und die Elbe den Schutt ihrer Gebirge in die Nordsee.
Ob sich hier im Süden der Nordsee aus dem Schutt der Gebirge vielleicht einmal ein neues Gebirge erheben wird, oder ob die See eines Tages erneut Stücke herausreißen und an eine

andere Stelle verfrachten wird? – Wir wissen es nicht. Auf dem rechten Foto auf Seite 81 siehst du, wo der Sand aus den Gebirgen bleibt. Meeresströmungen verfrachten ihn an einzelne Stellen der Küste; der Wind weht ihn zu *Dünen* auf. Die Dünen wieder schützen das Land vor dem Meer. Wo sie aber durch den ständigen Wind zu wandern beginnen, bedecken sie den fruchtbaren Boden.

So kannst du überall an der Küste, wenn du aufmerksam hinschaust, die Veränderungen beobachten: Meer frißt sich ins Land hinein, oder Land schiebt sich ins Meer hinaus.

Wie ein Gebirge aus dem Meer entsteht, erfährst du im letzten Kapitel.

Kleines Lexikon

Nordsee: Schon seit dem Devon ist die Nordsee großenteils ein Flachmeer, dessen Küstenverlauf wechselt. Im Karbon reichte sie nach Süden bis an den Rand des variskischen Gebirges. Im Perm war sie ein flaches Binnenmeer, in dem sich in einem Wüstenklima Salzlager und Erdgaslager bildeten. In der Trias wechselten Meer und Land ab. Ein Rest der Sandsteinbedeckung ist die Insel Helgoland, die später von einem aufquellenden Salzstock emporgehoben wurde.

In den Eiszeiten sank der Meeresboden um ungefähr 100 Meter, so daß der südliche und mittlere Teil vom Meer frei wurden. Die Nordsee ist das Sammelbecken des Verwitterungsschuttes, den die Flüsse ihr aus den Mittelgebirgen zuführen. Die Ablagerungen erreichen Mächtigkeiten von über 3000 Metern.

Friesische Inseln: Die Inseln, die in einer Kette der Nordseeküste von Holland bis Dänemark vorgelagert sind, heißen Friesische Inseln. Zu Holland gehören die Westfriesischen, zur Bundesrepublik Deutschland die Ost- und Nordfriesischen Inseln. Die West- und Ostfriesischen Inseln sind noch recht jung und von den Merresströmungen und den Westwinden durch Sandaufwehungen, also Dünen, gebildet worden. Die Nordfriesischen Inseln sind Reste alten Landes; an ihrer Ostseite lagert sich neuer Boden an, an der Westseite werden sie vom Meer abgenagt.

Ebbe und Flut: An der Küste erlebst du, daß das Wasser ungefähr sechs Stunden lang zurückgeht und sechs Stunden lang wieder steigt. Das Fallen heißt Ebbe, das Steigen Flut; beide Erscheinungen zusammen nennen wir Gezeiten. Sie werden vor allem durch die Anziehungskraft des Mondes, aber auch der Sonne bewirkt. Bei Vollmond und Neumond ist die Flut am höchsten (Springflut), die Ebbe am tiefsten (Springebbe), bei Halbmond sind sie am schwächsten (Nippflut und Nippebbe).

Sturmflut: Trifft ein gegen das Land gerichteter Sturm mit einer Flut, gar mit einer Springflut zusammen, dann kommt es zu den gefürchteten Sturmfluten, bei denen das Wasser die normale Flut um einige Meter übersteigt und schwere Schäden anrichten kann.

Die jüngsten Berge sind die höchsten

»Der Stein sieht aus wie zusammengepreßt«

Susanne und ihre Eltern laufen Ski in den Bergen des Oberinntals. In der Mittagspause haben sie sich an einem Felsen in die Sonne gesetzt. Susanne klettert zwischen den Felsen herum; der Schnee ist an vielen Stellen schon weggeschmolzen. Susanne kommt mit einem Stein an. »Guckt mal, da sind Streifen drin, wie zusammengepreßt.« – »Den müssen wir uns ansehen«, sagt Susannes Vater. »Versuch mal, die Streifen zu unterscheiden!«
Susanne nimmt den Stein wieder in die Hand und fährt mit dem Finger über die Streifen. Die hellen Streifen (auf dem Foto oben rechts, in der Mitte links und unten zu erkennen) sind fein und glatt. Dann sind da dunklere, grüne (ganz oben und unter dem oberen hellen Streifen), in denen sind Glimmerplättchen drin. Die anderen, grauen Streifen fühlen sich rauher an.
Unter der Lupe sehen sie die Glimmerplättchen deutlich, besonders über der Falte in der Mitte oben. In den rauhen Streifen erkennen sie Quarzkörnchen. Die ganz hellen Streifen müssen etwas weicher sein als die anderen, denn sie liegen ein wenig tiefer, sie bestehen aus Kalkstein.
»Gesteine, die so streifig aussehen und Glimmer und Quarz enthalten, werden *Glimmerschiefer* genannt«, erklärt Susannes Vater. »Hier kommt noch Kalk hinzu, deshalb heißt er *Kalkglimmerschiefer.*«
»Wie ist der Stein so zusammengepreßt worden?« möchte Susanne wissen.
»Um einen Stein zusammenzupressen«, sagt Susannes Vater, »ist gewaltiger Druck nötig, und der herrscht nur tief unter Erde. Dort allerdings ist er so stark, daß die einzelnen Teile eines Gesteins sich zu dichten Streifen zusammenfügen.«
Alle Gesteine, die feine Streifen wie Schiefer aufweisen und deren Teilchen kristallisiert sind, faßt man unter dem Namen *kristalline Schiefer* zusammen. Vor allem gehören *Gneise* und *Glimmerschiefer* dazu. Sie sind in großer Tiefe unter Druck und Hitze entstanden.

Ein Kalkglimmerschiefer aus dem Oberinntal

Der Gneis ist dir schon im Kapitel über den Schwarzwald begegnet. Vergleiche hierzu das Foto auf Seite 23.
An einem der nächsten Tage gehen sie auf einem Weg im Inntal spazieren. Sie kommen mehrmals an herabgestürztem Geröll vorbei, und finden auch hier Glimmerschiefer. Durch einige Stücke ziehen sich breite, helle Kalkbänder. Auf manchen haben sich schöne Kristalle aus Kalkspat gebildet, und auf einigen sind auch noch Bergkristalle aufgewachsen.

Wie sind die Alpen entstanden?

Am Abend in der Pension nehmen sie sich noch einmal ihre Funde vor. Ein drei Zentimeter langer Kalkspatkristall in Form einer sechsseitigen Pyramide interessiert Susanne ganz besonders. Auf einmal wird sie nachdenklich und fragt: »Kalkspat, Kalkstein. In vielen Steinen, die wir heute gefunden haben, war Kalk enthalten. Kalk entsteht aber doch im Meer. War denn das Meer einmal hier auf den Bergen?« – »Das nicht, aber die Berge waren einmal im Meer.« – »Das verstehe ich nicht.« – »Es ist auch eine lange Geschichte, sie hat über 300 Millionen Jahre gedauert. Sie beginnt in der Kohlezeit, als das variskische Gebirge entstanden ist.
In der Mittelzeit der Erde, die von der Buntsandsteinzeit, vor 220 Millionen Jahren, bis zum Ende der Kreidezeit, vor 70 Millionen Jahren dauerte, waren große Teile Mitteleuropas und Südeuropas mehrmals vom Meer überflutet. In dieser Zeit bildete sich im südlichen Meer, das die Geologen nach der Frau des griechischen Meeresgottes Okeanos *Tethys* nannten, ein tiefer Meerestrog. In diesen Trog hinein wurden die Verwitterungsgesteine der umgebenden Festländer getragen und dort abgesetzt. Dabei sank der Boden des Troges immer tiefer. Irgendwo in diesem Meer, in der Gegend des heutigen Norditalien, ist unser Kalkglimmerschiefer entstanden.«
»Das ist aber weit weg von hier.«
»Stimmt, die Alpengeologen haben auch lange Zeit gebraucht und immer wieder die Gesteine miteinander verglichen, bis sie herausfanden, wie die Alpen eigentlich entstanden sind. Im Norden liegt Europa, im Süden Afrika. In Europa sind alte Gebirgsrümpfe wie der Schwarzwald mit seinem Grundgebirge aus Gneis und Granit. Nun wird von Süden her Afrika gegen Europa gedrückt.«
»Aber wie kann denn ein Erdteil gegen einen anderen gedrückt werden?«
»Die Geologen wissen bis jetzt auch nur, daß es so ist. Du hast gelernt, daß es Erdteile oder Kontinente gibt.«
»Ja, zum Beispiel Afrika und Europa, und dazwischen liegt das Mittelmeer.«
»Und zwischen Amerika und Europa liegt der Atlantische Ozean. Die Geologen, die ja den Bau und die Geschichte der Erde erforschen, sprechen lieber von *Kontinentalschollen* oder von *Platten*.
Was sie als Platten bezeichnen, deckt sich nicht ganz mit den sichtbaren Erdteilen. So reicht die europäische Platte weit in den Atlantischen Ozean hinein und berührt sich hier mit der nordamerikanischen Platte. Im südlichen Mittelmeer stoßen die europäische und die nordafrikanische Platte aneinander.
Diese Platten liegen nicht unbeweglich an ihrer Stelle; sie treiben auf dem glühenden, durch den ungeheuren Druck sehr zähflüssigen Untergrund, dem *Magma*. So kann die afrikanische Platte gegen die europäische treiben. Der Druck, der dadurch entsteht, ist so stark, daß er in den letzten 200 Millionen Jahren die Alpen aufgefaltet hat.

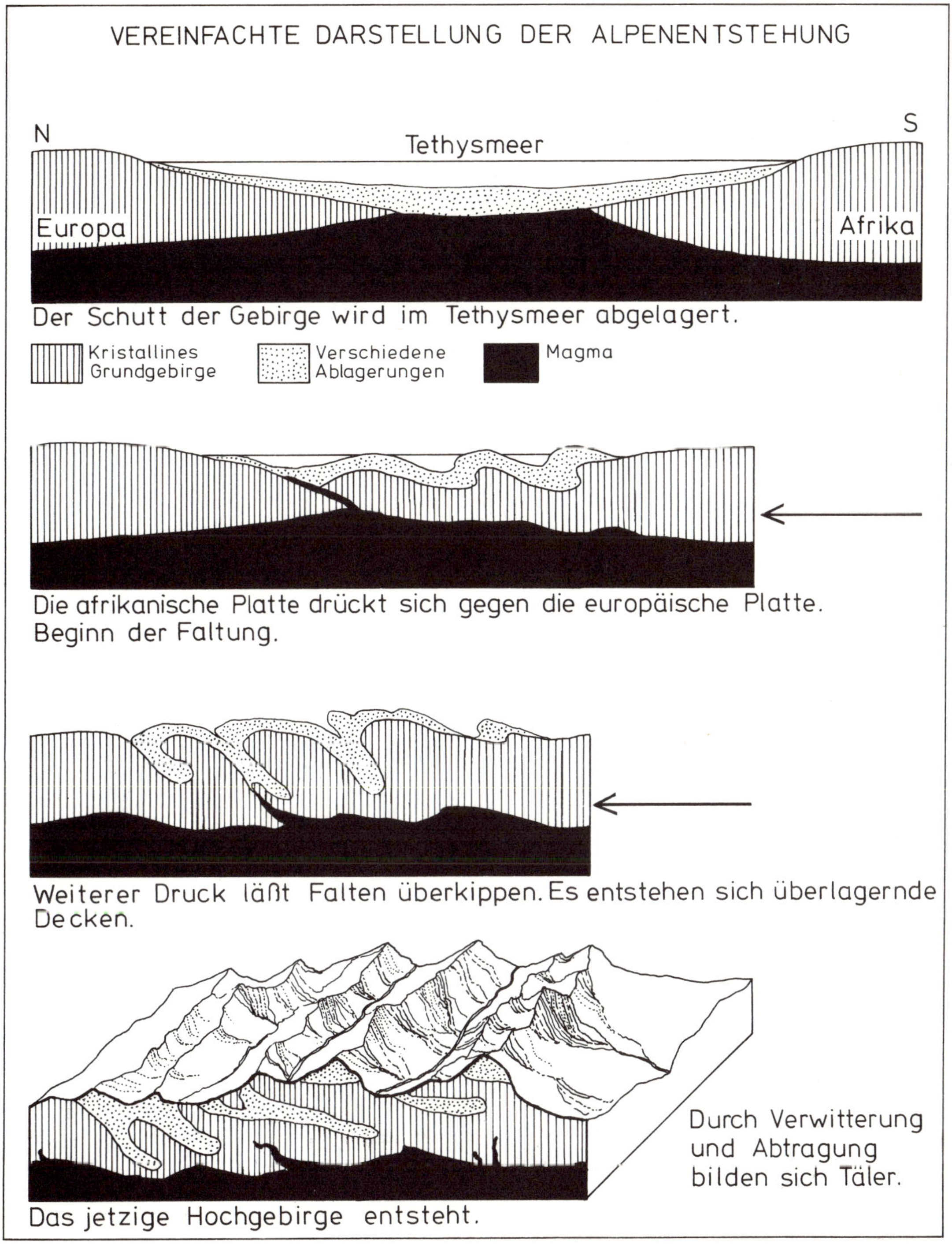
VEREINFACHTE DARSTELLUNG DER ALPENENTSTEHUNG
N
S
Tethysmeer
Europa
Afrika
Der Schutt der Gebirge wird im Tethysmeer abgelagert.
Kristallines Grundgebirge
Verschiedene Ablagerungen
Magma
Die afrikanische Platte drückt sich gegen die europäische Platte. Beginn der Faltung.
Weiterer Druck läßt Falten überkippen. Es entstehen sich überlagernde Decken.
Durch Verwitterung und Abtragung bilden sich Täler.
Das jetzige Hochgebirge entsteht.

Wenn wir damals gelebt hätten, hätten wir allerdings noch nichts sehen können. Es geschah alles noch tief im Meer.

Das sah etwa so aus: Zunächst wurden die noch lockeren Ablagerungsgesteine gefaltet. Langsam wurde auch das kristalline Grundgebirge nach oben gedrückt und in die Faltung miteinbezogen. Die einzelnen Steine wurden dabei ebenfalls zusammengedrückt und verändert.«

»Ah, wie bei unserem Kalkglimmerschiefer.«

»Ja, und wie bei allen Glimmerschiefern und Gneisen. Aber der Druck hielt noch weiter an. Die Falten überschoben sich und brachen sogar auseinander. Dadurch wurden ältere Gesteine auf die jüngeren geschoben. In den Alpen haben wir die merkwürdige Erscheinung, daß wir in der Höhe alte Gesteine, in der Tiefe jüngere finden können. Die Geologen sagen, es liegen mehrere *Decken* übereinander. Die Decke, die am höchsten gehoben und am weitesten nach Norden geschoben wurde, hat auch den weitesten Weg von Süden her zurückgelegt.«

»Dann müßte Afrika doch jetzt näher bei Europa liegen als vorher?« – »Das tut es auch.« – »Wieviel Kilometer denn?«

»So etwas läßt sich schwer sagen, 100 oder auch 200 Kilometer dürften es schon sein. Nun sind die Alpen aber noch nicht fertig. Verwitterung und Abtragung hören nicht auf; sie gehen immer weiter und haben in das Dekkengebirge Täler eingeschnitten. Dann haben die Gletscher der Eiszeit die Täler weiter vertieft. So haben Verwitterung, Abtragung und die Gletscher das heutige Hochgebirge geschaffen.

In den mittleren Alpen erscheint das kristalline Grundgebirge, das auch mit hochgehoben wurde. Im Norden und Süden dagegen

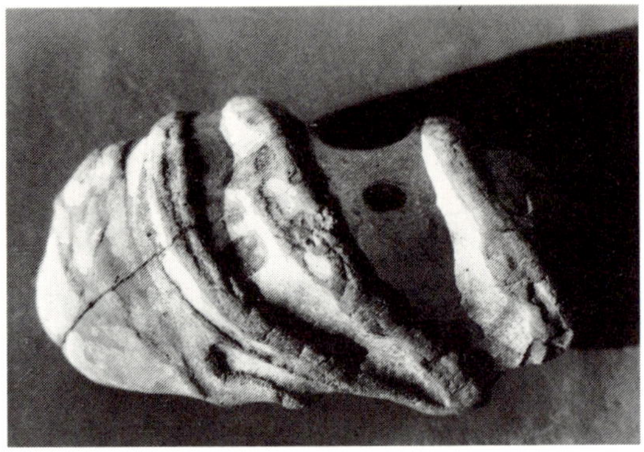

Kalkgeröll aus den Nordalpen

haben wir es hauptsächlich mit Kalkgestein aus dem Meer zu tun. Deshalb werden die Alpen auch eingeteilt in die *nördlichen* und *südlichen Kalkalpen* und die *mittleren kristallinen Alpen.*

Die Grenze zwischen den nördlichen und mittleren Alpen folgt ungefähr einer Talfurche, die von den Flüssen Inn, Salzach und Enns gebildet wird. Die Grenze zwischen den mittleren und südlichen Alpen liegt etwa in der Talfurche der Flüsse Etsch, Eisack und Drau. In den Nord- und Südalpen finden wir an Gesteinen in der Hauptsache Kalk und Dolomit, in den mittleren Alpen Granit, Gneis und Glimmerschiefer.«

»Wo ist aber dann das Meer hingekommen, als das Gebirge entstanden ist?«

»Es ist kleiner geworden. Das heutige Mittelmeer ist ein Rest des ehemals viel größeren Tethys-Meeres. Das Tethys-Meer erstreckte sich zwischen dem Nordkontinent und dem Südkontinent. Es lag zwischen Europa und Afrika und hat ebenso Asien von Indien getrennt.«

»Wachsen eigentlich die Alpen auch heute noch?« will Susanne wissen.

»Ja, sie wachsen heute noch; das haben sehr feine Messungen ergeben. Und Forschungs-

Steine aus den Alpen
Oben: Dolomit. Unten: Gneis

Granatkristalle im Glimmerschiefer (Fundort: Zillertal)

schiffe haben festgestellt, daß auch auf dem Boden des Mittelmeeres die Faltungen weitergehen. Es könnte sein, daß in den nächsten Millionen Jahren Teile der Po-Ebene in Norditalien auf die Alpen hinaufgeschoben werden und die nächste Decke bilden.«

Steine aus den Alpen

Wenn du in den Alpen bist, brauchst du nicht lange zu suchen, um einen schönen Stein zu finden. Das Foto oben links zeigt zwei Steine aus verschiedenen Teilen der Alpen.
Der obere Stein ist ein *Dolomit.* Dazu gehört auch das Farbfoto auf Seite 36 mit dem Sassongher in den Dolomiten in Südtirol. Am Fuß dieses Berges fanden wir viele Dolomitsteine mit kleinen Kristallen. Dolomit ist im Meer durch Umwandlung des Kalksteins entstanden. Im Meerwasser gelöstes Magnesium verbindet sich dabei mit dem Kalkstein und bildet so ein neues, härteres Gestein. Der französische Forscher Dolomieu hat das Gestein vor etwa 200 Jahren zum erstenmal beschrieben; nach ihm wurde es Dolomit genannt. Dolomit findet man nicht nur in den Dolomiten. Er ist in den Süd- und Nordalpen verbreitet und kommt auch in der Eifel, im Fichtelgebirge, in Mittel- und Süditalien vor.
Der untere Stein ist ein *Gneis* und stammt aus den Walliser Alpen aus der Nähe von Saas Fee. Bei diesem wechseln große Glimmerplättchen mit feinkörnigem Feldspat ab. In der Sonne glänzt der Stein wie Silber.
Du wirst fragen, ob es in den Alpen keine Edelsteine gibt. Es gibt sie. In den Tiefen, in denen die Steine umgewandelt werden, kommt es auch vor, daß sich seltene Mineralien bilden.
In Schaufenstern von Schmuckgeschäften findest du manchmal Armbänder oder Halsketten mit Granaten besetzt. Früher war der *Granat* ein begehrter Schmuckstein. Er kommt in mehreren Farben vor. Den roten nannten die Römer »Carbunculus«. Im Mittelalter hieß er »Karfunkelstein«. Die Kreuzritter trugen ihn, weil sie glaubten, er schütze vor Verwundungen.
Auf einer Alpenkarte liest du in den Ötztaler Alpen den Namen »Granatkogel« und in den Hohentauern »Granatspitze«. Die Namen deuten darauf hin, daß es hier Granaten gibt. Granaten wurden bis zu diesem Jahrhundert

Rauchquarz aus dem Zillertal

im Zillertal abgebaut; sie waren wegen ihrer dunkelroten Farbe bekannt. Heute noch gibt es in der Nähe der »Berliner Hütte« im Zillertal verschiedene Fundstellen. Die beiden in den Glimmerschiefer eingewachsenen roten Granaten auf dem Foto Seite 87 rechts oben haben etwa einen Zentimeter Durchmesser. Auch im Ötztal, am Granatkogel, gibt es noch Fundstellen. Manchmal findet man die Steine auf einem Spaziergang am Weg.
Achte bei Spaziergängen auf Gänge oder Adern im Gestein, die sich von dem umgebenden Gestein unterscheiden, und auf Klüfte in den Felsen. Gerade die Klüfte boten den eindringenden Mineralien Platz, so daß sich schöne Kristalle bilden konnten. Der oben abgebildete *Rauchquarz* stammt aus einer Felskluft im Zillertal.
Im Haus der Natur in Salzburg ist ein *Bergkristall* ausgestellt, der über 600 Kilogramm wiegt und 1966 in einer Felskluft im Glocknergebiet gefunden wurde.
Seltene Mineralien und Erze sind im gesamten Alpengebiet zu finden. Wenn du bei deiner Suche guten Erfolg haben willst, benutzt du am besten ein Buch, das die Fundstellen näher beschreibt.

Im Tauerngebiet bei Rauris war in über 3000 Metern Höhe der höchste Bergbau der Alpen. Die Namen »Goldbergspitze« und »Goldzechkopf« deuten daraufhin, daß hier *Gold* abgebaut wurde. Wenn ein Wanderer oder Mineraliensucher sehr viel Glück hat, kann er auch heute noch ein Stück Bergkristall mit aufgewachsenem Gold finden.

Gebirge entstehen und vergehen

Daß die Alpen höher sind als die älteren Gebirge, hängt mit den Kräften zusammen, die auf die Gebirge einwirken. Von einer der Kräfte ist im Buch oft die Rede; es ist die, die ständig daran arbeitet, die Berge einzuebnen. Sie wirkt durch die Verwitterung und die Abtragung. Sie läßt die Felsen zu Schutt zerfallen, sie gräbt die Täler und führt den Gesteinsschutt in die Ebenen und ins Meer.
Auch von der entgegengesetzten Kraft hast du jetzt schon mehrmals gelesen, im Kapitel über das variskische Gebirge und besonders in diesem Kapitel über die Alpen. Sie ist die Kraft, die die Berge entstehen läßt. Aus dem Innern der Erde heraus wirkt sie und drückt die Berge nach oben. Wenn die Kräfte, die aus dem Erdinnern ein Gebirge in die Höhe gehoben haben, aufhören zu wirken, das Gebirge also nicht mehr wächst, dann haben die Kräfte der Verwitterung leichtes Spiel. Das Gebirge wird abgetragen und verschwindet schließlich ganz. Es ist eingeebnet, so wie das variskische Gebirge am Ende der Permzeit eingeebnet war.
In den Alpen scheinen sich die hochdrückenden, gebirgsbildenen Kräfte die Waage zu halten mit den abtragenden Kräften; ja, sie scheinen sogar noch etwas stärker zu sein. Die Verwitterung greift zwar ständig an; aber sie

konnte die Alpen noch nicht einebnen, weil sie ständig von unten nachwachsen. Deshalb ist das junge Gebirge höher als die alten.

Wohin mit dem Schutt der Alpen?

Seit Millionen von Jahren schleppen die Flüsse und Bäche der Alpen und später die Gletscher der Eiszeit den Verwitterungsschutt aus dem Gebirge heraus. Aber wo lagern sie ihn ab? Müßte da nicht längst ein anderes Gebirge entstanden sein?
Bei den Alpen ist der Vorgang ähnlich wie beim variskischen Gebirge. Das Gebirge faltet sich auf, und an seinem Rand senkt sich eine Mulde ab, die den Schutt aufnimmt. Diese Mulde liegt, den Alpen vorgelagert, in der Schweiz, in der süddeutschen Hochebene und in Österreich im Wiener Becken.
Wenn du allerdings am Nordrand der Alpen entlangfährst, wirst du nicht den Eindruck haben, durch eine tiefe Mulde zu fahren. Du müßtest sie ausräumen, und dann würdest du staunen. Am Nordrand der Alpen ist die Mulde bis zu 5000 Meter tief, so tief wie der Atlantische Ozean. So tief ist sie in den Millionen Jahren unter dem Druck des Alpenschuttes gesunken. Die ganze Schuttmasse wird von den Geologen *Molasse* genannt. Das ist ein schweizerisches Wort und bedeutete im Mittelalter soviel wie »weicher Sandstein«. Die Mulde selbst heißt *Molasse-Trog*.
Zum Teil sind die Gesteine der Molasse wieder fest zusammengebacken. Solche wieder verkitteten Gesteine heißen *Konglomerate*. Im Alpengebiet werden sie *Nagelfluh* genannt, weil sie wie Nägel in einer Wand aussehen (Fluh = Wand). Wenn du einmal nach Salzburg kommst, siehst du dort hinter der »Pferdeschwemme« eine Bergwand, die ganz aus Nagelfluh besteht. Der Stein ist betonfest, so daß die Salzburger sogar Häuser daraus gebaut haben.

Kleines Lexikon

Alpen: Das Wort bedeutet soviel wie »Berg«. Sie sind das höchste Gebirge Europas, etwa 1200 km lang und 150–250 km breit. Eingeteilt werden sie in Ost- und Westalpen; die Grenze verläuft vom Bodensee über das Rheintal zum Comer See. Die Ostalpen werden nach den vorherrschenden Gesteinsarten in nördliche und südliche Kalkalpen und die kristallinen Zentralalpen gegliedert. In der Schweiz gibt es eine ähnliche Einteilung.
Entstanden sind die Alpen aus den Sedimentgesteinen des Tethys-Meeres. Bereits in der Kreidezeit erfolgten die ersten Faltungen noch unter dem Meer. Die Hauptfaltung des Gebirges fand im Tertiär statt. Dabei wurden die Schichten gefaltet, durch den Druck von Süden zerrissen und schließlich zu Decken übereinandergeschoben. Die Geologen sprechen deshalb heute nicht mehr von einem Falten- sondern von einem Deckengebirge.
Kristalline Schiefer: Ein großer Teil der mittleren Alpen besteht aus kristallinen Schiefern. Druck und hohe Temperaturen haben andere Gesteine umgewandelt. Besonders die blättrigen Mineralien wie Glimmer haben sich in eine Richtung gelegt; deshalb weisen die meisten kristallinen Schiefer ein streifenförmiges Gefüge auf. Zu ihnen gehören Gneise und Glimmerschiefer. Auch der Marmor ist ein aus Kalkstein entstandenes Umwandlungsgestein.
Dolomit: In den nördlichen und südlichen Kalkalpen findet man neben dem Kalkstein auch das Gestein Dolomit. Das im Meerwasser enthaltene Magnesium hat sich mit dem Kalkstein verbunden und das neue, härtere Gestein Dolomit gebildet, das besonders in den Tiroler Dolomiten die schönen spitzen Bergformen hervorgebracht hat.
Mineralien: sind einheitliche Bestandteile der Erd-

rinde, zum Beispiel Quarz, Calcit, Diamant, Granat, Kupferkies, Pyrit. Die meisten Mineralien haben bestimmte Kristallformen und können auch danach unterschieden werden. Auch nach ihrer Härte kann man sie unterscheiden. So ist Calcit weich und mit dem Taschenmesser ritzbar. Feldspat ist härter, Quarz noch härter, er ritzt Fensterglas. Diamant ist das härteste Mineral.
Gesteine: sind meistens Gemenge von verschiedenen Mineralien. Hier eine Übersicht:

Magmatite (Erstarrungsgesteine)		*Metamorphite* (Umwandlungsgesteine)	*Sedimente* (Schichtgesteine)
Plutonite (Tiefengesteine) Granit Diorit	*Vulkanite* (Ergußgesteine) Basalt Melaphyr Porphyr	Gneis Glimmerschiefer Schiefer Marmor	Ton Kalkstein Sandstein

Kreuzworträtsel

Die gesuchten Wörter von oben nach unten:
1. Zum Sammeln kleiner Funde
2. Zur Härteprüfung des Gesteins
3. Zum Schutz der Augen gegen abspringende Splitter
4. Zum besseren Erkennen der Strukturen der Kristalle und Fossilien
5. Zum Notieren des genauen Fundorts und der Art der Funde
6. Zur Bestimmung der Funde
7. Schreibgegenstand
8. Zum Einlegen der Funde für einen sicheren Transport
9. Zum Klettern im Steinbruch (möglichst mit griffiger Sohle)
10. Zum Einwickeln der zerbrechlichen Stücke
11. Zum Schutz des Kopfes gegen herabfallendes Gestein
12. Zum Lockern des Gesteins
13. Zum Spalten des Gesteins
14. Zum Tragen der Ausrüstungsgegenstände

Die Buchstaben in den Kästchen, von oben nach unten gelesen, ergeben das Lösungswort: Es ist ein Gegenstand, der bei jeder Exkursion mitgenommen werden soll. Dieser Gegenstand ist auch auf dem Einband des Buches abgebildet.

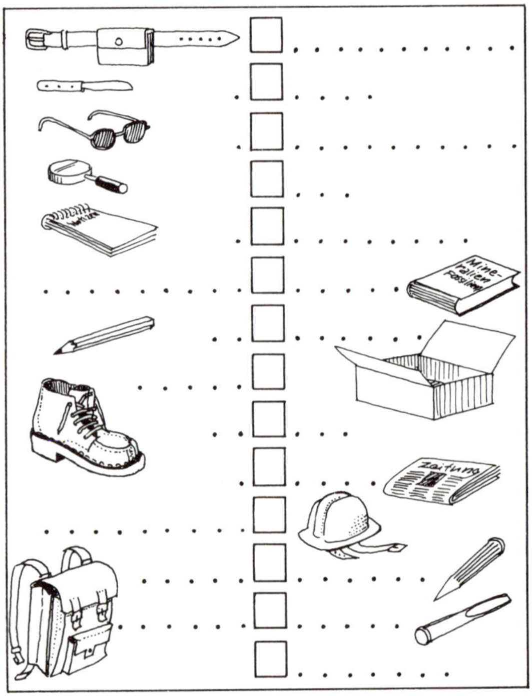

Ein Kalender der Erdzeitalter

Woher weiß man, wie alt die Steine sind?

Diese Frage hast du dir sicher schon gestellt, wenn du gelesen hast, das Kambrium habe vor 600 Millionen Jahren begonnen, die Ammoniten im Fränkischen Jura seien 180 Millionen Jahre alt, oder die Alpen seien das jüngste Gebirge. Nach dem Alter der Gesteine forschen auch die Geologen schon seit etwa 200 Jahren. Eine der Grundregeln für die Erforschung des Alters der Gesteine ist: Die jüngeren Schichten liegen normalerweise auf den älteren. Das muß allerdings nicht immer so sein. Gerade hast du im Kapitel über die Alpen gelesen, daß dort ältere Schichten über den jüngeren liegen. Das eben macht die Altersbestimmung kompliziert. Allgemein kann man jedoch davon ausgehen, wenn Schichten waagerecht liegen oder nur wenig gefaltet sind, lagern die älteren unten. Das ist zum Beispiel der Fall im Juragebirge Süddeutschlands, im Buntsandsteingebirge, in den Ablagerungen der Tertiärzeit in Nord- und Süddeutschland. (Abb. S. 92 rechts oben.)

Auch wo ein Gebirge gefaltet ist, läßt sich eine Folge der Schichten bestimmen. Auf der Abbildung (S. 92 rechts unten) kannst du die Reihenfolge im Alter gut ablesen. Hier ist ein *Schichtpaket* gefaltet worden, die inneren Schichten müssen die älteren sein. Dann sind die Schichten abgetragen worden, so daß auch ältere an die Oberfläche kamen. Darüber ist später eine neue Schicht abgelagert worden. Diese muß jünger sein als die gefalteten Schichten.

Den Geologen sind die Fossilien zu Hilfe gekommen. In manchen Schichten finden sich Arten von Tieren, die nur in einem eng umgrenzten Zeitraum gelebt haben können. Einige Arten von Ammoniten zum Beispiel findet man nur in einer ganz bestimmten Schicht, selbst wenn Teile davon nicht mehr in der gleichen Tiefe liegen. Die gleichen Fossilien lassen die Geologen auf das gleiche Alter der Schichten schließen; sie nennen sie deshalb *Leitfossilien*. (Abb. S. 92 links.)

Jetzt weißt du immer noch nicht, woher man das wirkliche Alter der Steine weiß. Lange Zeit konnten die Geologen immer nur sagen, diese Schicht ist *älter* als jene, oder, diese muß schon sehr alt sein; ein Alter in Jahren konnten sie noch nicht angeben. Sie begannen zu berechnen und im Labor zu experimentieren, wie lange es wohl dauern mag, bis eine Schlammschicht von vielleicht einem Zentimeter Dicke sich im Meer abgesetzt hat und auf welche Dicke der Schlamm später zusammengedrückt wird. Es waren sehr komplizierte Berechnungen, doch sie führten dazu, daß die Geologen ein ziemlich genaues Alter der Gesteinsschichten und damit auch der Steine und Berge selbst angeben konnten.

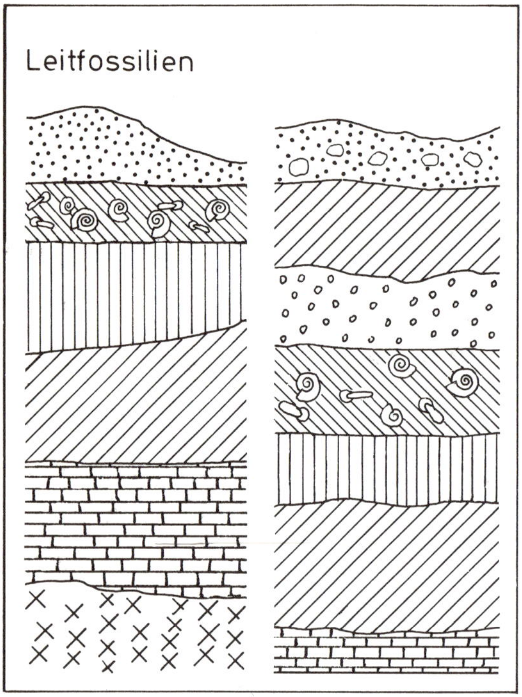

Fossilien spielen eine wichtige Rolle bei der Bestimmung des Alters der Erdschichten. Einige Tierarten kommen nur in ganz bestimmten Schichten vor. Man kann daraus schließen, daß die Schichten gleich alt sind, auch wenn sie in verschiedenen Tiefen lagern.

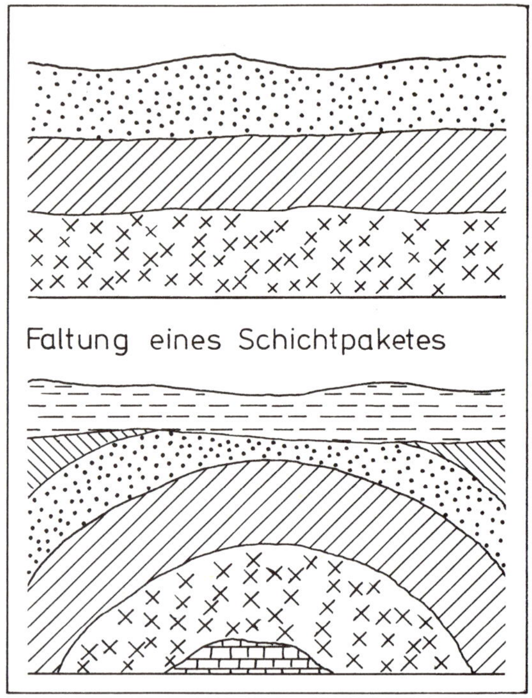

Geologen bestimmen das Alter der Erdschichten: Die älteren Schichten lagern gewöhnlich unter den jüngeren.

Die Geologen arbeiten mit den Physikern und Chemikern zusammen. Diese kennen radioaktive Elemente, die zerfallen und dabei andere Elemente bilden. Uran beispielsweise zerfällt zu Radium, dieses weiter zu Blei. Die Zeit, die die Elemente zum Zerfall brauchen, hat man ausrechnen können. Wenn man in einem Gestein Uran und Blei findet, können die Chemiker das Alter des Gesteins bestimmen. Ebenso können sie mit radioaktivem Kohlenstoff das Alter eines Gesteins errechnen.
Die Forscher wissen heute, daß die Erde mehr als vier bis fünf Milliarden Jahre alt sein muß. Sie war ein Stern, der in dem eisigen Weltraum sich abzukühlen begann. Wann sich die erste feste Kruste bildete, weiß man nicht. Vor zwei bis drei Milliarden Jahren muß schon das erste Leben entstanden sein. Es hat sehr, sehr lange gedauert, bis es sich entfaltet hatte und wir bereits verschiedene Gruppen von Tieren und Pflanzen antreffen.
Das war vor etwa 600 Millionen Jahren, zu Beginn des Erdaltertums, im *Kambrium*, der Fall. Die Milliarden Jahre vorher nennen die Forscher das *Präkambrium*, das Vor-Kambrium. In ihm sind die ältesten Festländer entstanden. Das Präkambrium wird eingeteilt in das *Archaikum*, die eigentliche Urzeit, und das *Algonkium*. Dieses hat seinen Namen von dem indianischen Volk der Algonkin in Nordamerika. Dort hat man die ersten Spuren des Lebens entdeckt.

Die Jahresuhr der Erdzeitalter

Nun wollen wir versuchen, uns die Zeiträume vorzustellen, die die Gebirge zu ihrer Bildung und ihrer Abtragung gebraucht haben. Wir müssen die Zeiträume in ein Maß übertragen, das wir begreifen können, und wählen dazu ein Jahr mit seinen zwölf Monaten.

Für den Beginn unseres geologischen Jahres versetzen wir uns in das Präkambrium, in die erste Zeit des Algonkiums, in der bereits einfache Formen des Lebens bestanden. Das war vor einer Milliarde und 200 Millionen Jahren. Das soll der Anfang unseres Kalenders sein, jeder Monat soll dann einem Zeitraum von 100 Millionen Jahren entsprechen.

Das erste halbe Jahr wird völlig ausgefüllt vom *Algonkium*. Gesteine aus dieser Zeit finden wir in Deutschland im Schwarzwald und im Bayerischen Wald.

Wenn das *Erdaltertum*, das *Paläozoikum* beginnt, ist es bereits Anfang Juli. Die Geologen teilen es in fünf oder sechs Abschnitte ein; es dauert bis in den Oktober. Den ganzen Juli über dauert das *Kambrium*, in dem primitive Formen vieler Tiergruppen wie Gliederfüßer, Armfüßer, Weichtiere, Hohltiere vorkommen.

Der August wird vom *Silur* eingenommen. In Nordeuropa entsteht ein Gebirge, das sich von Irland bis über Nordnorwegen hinaus erstreckt, das Kaledonische Gebirge.

Sein Verwitterungsschutt wird in der ersten Hälfte des September, im *Devon*, ins Meer getragen, das große Teile Mittel- und Südeuropas mit Ausnahme der großen Insel in Frankreich und Süddeutschland bedeckt. Der Meerestrog füllt sich mit Ablagerungsgesteinen, sinkt tiefer und wird schließlich in der zweiten Hälfte des September, im *Karbon*, aus dem Meer herausgehoben. Es ist die Steinkohlenzeit, in der sich das variskische Gebirge bildet.

Vom 6. bis 24. Oktober dauert das *Perm*, in dem das Gebirge wieder bis zur Ebene abgetragen wird. Mit ihm ist das Erdaltertum zu Ende.

Um den 24. Oktober herum setzt das *Erdmittelalter* ein, das bis zum 10. Dezember dauert. Ende Oktober bedeckt der Buntsandstein Deutschland, die Ablagerungen des Muschelkalkmeeres folgen Anfang November. Vom 6. bis 24. November bilden sich die Korallenriffe im *Jura*meer Süddeutschlands, aus dem unsere Ammoniten stammen. Anschließend bis zum 10. Dezember überflutet noch einmal das *Kreide*meer fast ganz Deutschland. Die Ablagerungen der Meere haben im Herbst die Gebirge Süddeutschlands zwischen Schwarzwald und Bayerischem Wald und das nordfranzösische Bergland gebildet; in Norddeutschland sind sie unter jüngeren Ablagerungen versunken. Seit November werden auch die uralten Gebirgsrümpfe des Schwarzwaldes und Böhmens ins Tethys-Meer abgetragen und bereiten die Auffaltung der Alpen vor; die ersten Falten entstehen schon im Meer.

Am 10. Dezember beginnt die *Neuzeit* der Erde. Im *Tertiär* rückt Afrika gegen Europa vor, schiebt die Ablagerungsschichten übereinander; die Alpen werden aufgefaltet, und ihr Verwitterungsschutt wird gleichzeitig in den Molassetrog vor den Alpen hineingetragen. Diese Bewegung dauert auch am 31. Dezember und am 1. Januar noch an.

Die *Eiszeit* beginnt im *Quartär*, erst sechs bis acht Stunden vor Mitternacht des Silvestertages, und der Ausbruch der letzten Vulkane in der Eifel findet erst vier Minuten vor Mitternacht statt.

Tabelle der Erdzeitalter

Zeitalter	Beginn vor Mill. Jahren	Zeitabschnitt (Formation)	Erdgeschichtliche Vorgänge	Steine und Fossilien
Neuzeit	1	Quartär	Jetztzeit: Ablagerungen in Flußtälern und Meeren Eiszeit: Nord- u. Süddeutschland von Eis bedeckt Vulkane in der Eifel Mammut, Höhlenbär, Steinzeitmensch	Findlinge Bims, Vulkanbomben
	70	Tertiär	Entstehung der Alpen Vulkane Einbruch des Oberrheingrabens Flache Meeresbecken Säugetiere: Nagetiere, Beuteltiere, erste Pferde, Ur-Affen, Ur-Raubtiere	Basalt Haifischzähne
Erdmittelalter Mesozoikum	120	Kreide	Beginn der Alpenfaltung Deutschland vom Meer bedeckt Saurier, Blütenpflanzen	Schreibkreide Feuersteine
	180	Jura	Mitteleuropa vom Meer bedeckt Korallenriffe Saurier, Ammoniten, Belemniten, erste Säugetiere	Ammoniten Belemniten Seelilien Plattenkalk mit Dendriten
	220	Trias	Muschelkalkmeer Buntsandsteinwüste Erste Saurier	Sandstein
Erdaltertum Paläozoikum	280	Perm	Zechsteinmeer: Salzlager und Kupferschiefer Abtragung des variskischen Gebirges: Wüste Vulkane Erste Nadelhölzer	Farne und Schachtelhalme Melaphyr, Porphyr, Achate
	350	Karbon	Auffaltung des variskischen Gebirges, an seinem Nordrand Wälder der Steinkohle Norddeutschland vom Meer bedeckt	Siegel- und Schuppenbäume Granit des Schwarzwaldes und der Alpen
	400	Devon	Mittel- und Norddeutschland vom Meer bedeckt, Bildung von Schiefer, Kalk, Grauwacke Erste Landpflanzen	Brachiopoden Trilobiten Erzgänge
	500	Silur	Gebirgsbildung in Nordeuropa Kaledonisches Gebirge	
	600	Kambrium	Deutschland vom Meer bedeckt	Trilobiten
Urzeit Präkambrium	1500 2–3000	Algonkium Archaikum	Urgebirge im Schwarzwald und in Böhmen Erste Spuren des Lebens im Meer	Gneis

Register geologischer Begriffe

Kursive Seitenzahlen verweisen auf Abbildungen.

Bücher zum Weiterlesen

Bauer, J.: Der Kosmos-Mineralienführer. Stuttgart 1972
Bülow, K. v.: Geologie für Jedermann. Stuttgart 1954
Hähnel, W.: Mineralien und Gesteine. Was ist Was, Bd. 45. Hamburg 1970
Ich erforsche die Vorzeit: Dinosaurier. Mammuts. Neandertaler (3 Bde). München 1978
Mundlos, R.: Wunderwelt im Stein. Fossilienfunde – Zeugen der Urzeit. Gütersloh 1976
Pape, H.: Der Gesteinssammler. Stuttgart 1974
Rhodes, F., u. a.: Fossilien, Urkunden der Erdgeschichte. Stuttgart 1976
Schumann, W.: Steine und Mineralien. München 1972
Woolley, A., u. a.: Der Kosmos-Steinführer. Stuttgart 1974
Für das Suchen von Steinen in bestimmten Gegen den gibt es einige Buchreihen:
Bunte Kosmos-Taschenführer. Stuttgart
Mineral-Fundstellen. Führer zum Selbstsammeln. München
Gwinner, M. (Hrsg.): Sammlung Geologischer Führer. Berlin

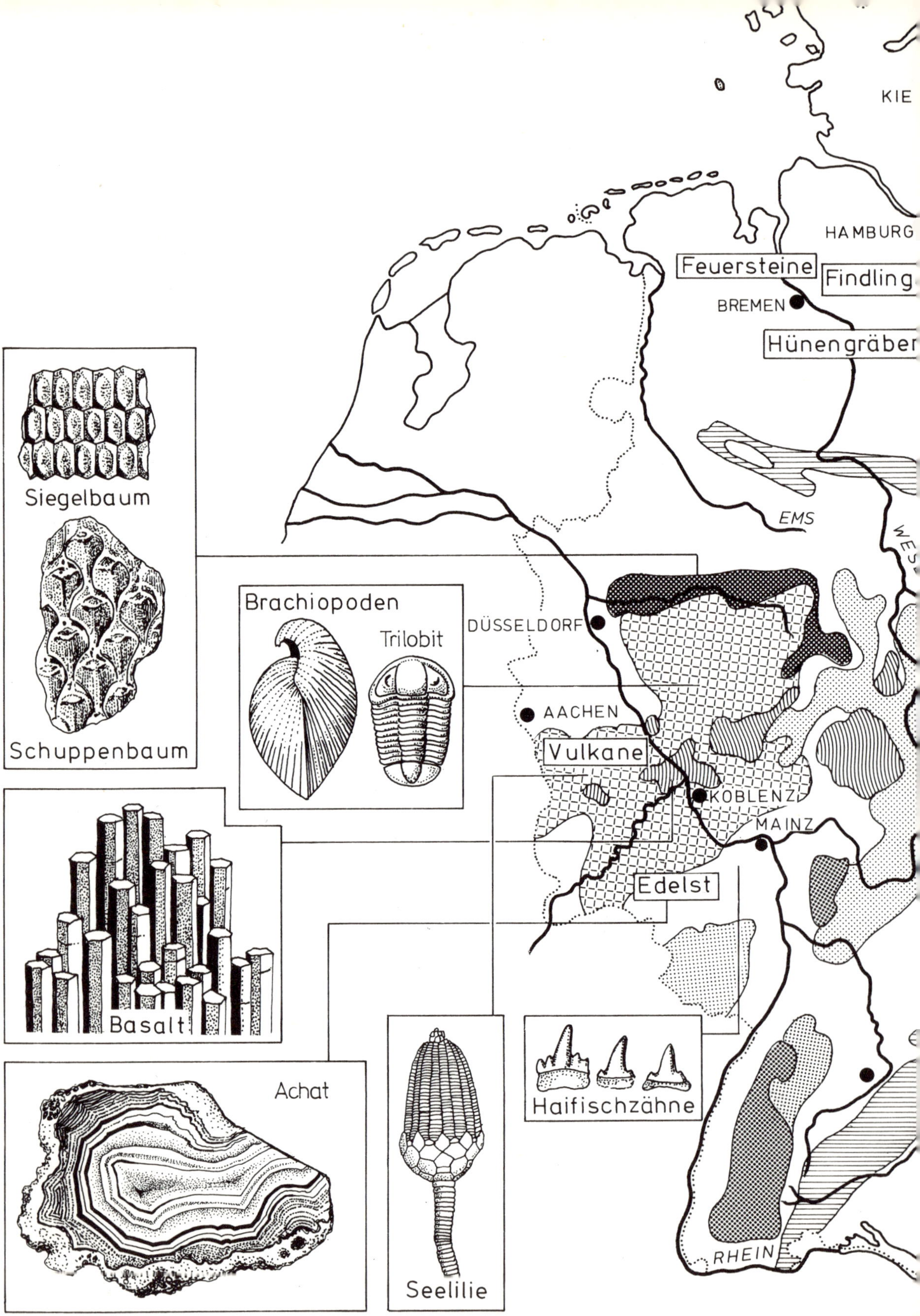

KIE
HAMBURG
Feuersteine
Findling
BREMEN
Hünengräber
EMS
WES
Siegelbaum
Schuppenbaum
Brachiopoden
Trilobit
DÜSSELDORF
AACHEN
Vulkane
KOBLENZ
MAINZ
Edelst
Basalt
Achat
Seelilie
Haifischzähne
RHEIN